W0397721

SANFT HEILEN MIT BACH-BLÜTEN

Dagmar P. Heinke

SANFT HEILEN MIT BACH-BLÜTEN

Durch die Kraft der Blüten die Seele harmonisieren und den Körper stärken

SÜDWEST

INHALT

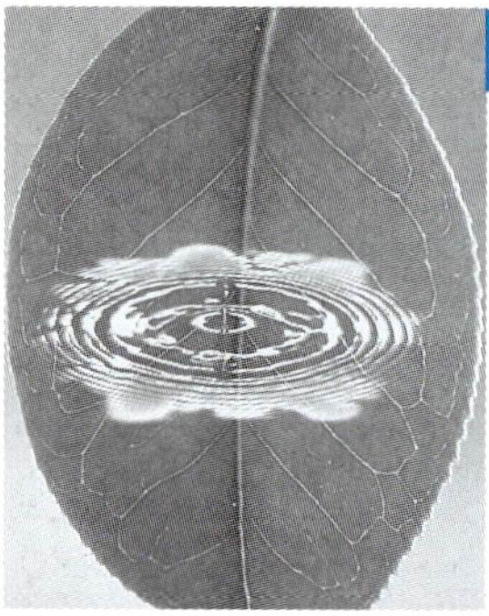

DIE SIEBEN GEMÜTSZUSTÄNDE 60

DIE 38 BACH-BLÜTEN 66

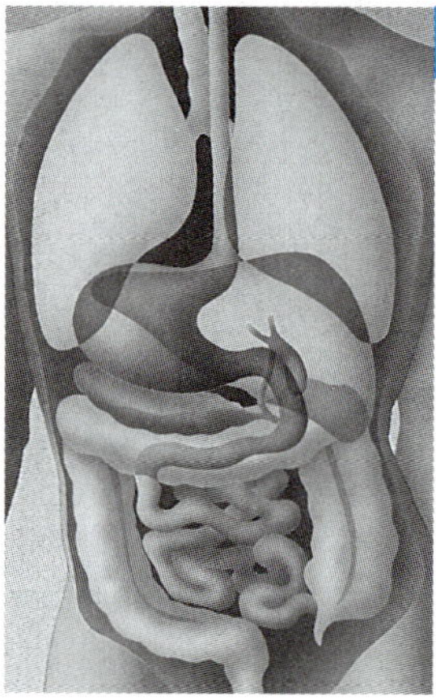

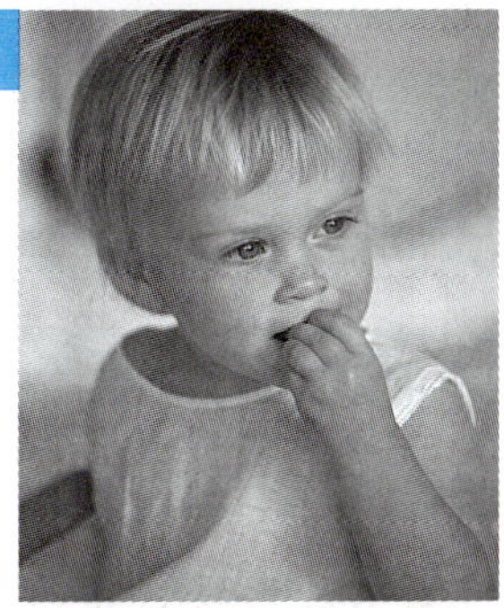

VORWORT

Die Bach-Blütentherapie wurde in den zwanziger und dreißiger Jahren dieses Jahrhunderts von dem englischen Arzt Dr. Edward Bach aus der Homöopathie heraus entwickelt. Sie stellt wie viele andere natürliche Heilverfahren eine Alternative zur klassischen Schulmedizin dar.

Natürlich leben – natürlich heilen

Wenn Sie sich heute nicht mehr beliebig mit chemischen Medikamenten vollpumpen lassen wollen und die so gern verschriebenen Antibiotika nicht schon bei jeder Erkältung schlucken möchten, dann ist eine Naturheilmethode für Sie genau das richtige! Und vielleicht bringen gerade die Bach-Blüten Sie bei Ihren gesundheitlichen Problemen weiter.

Fragen Sie sich selbst!

- Fühlen Sie sich in manchen Situationen unsicher?
- Haben Sie bestimmte oder vage Ängste?
- Sorgen Sie sich zu sehr um andere – Freunde, Familienmitglieder?
- Leiden Sie an Beschwerden, deren Ursache vom Arzt nicht gefunden wurde?
- Plagen Sie chronische Erkrankungen – körperlich oder psychisch?
- Kreisen Ihre Gedanken unaufhörlich um das gleiche Thema?
- Hängen Sie bestimmten Ereignissen oder Personen aus der Vergangenheit nach?
- Ist Ihnen zur Zeit alles egal, sind Sie mut- und lustlos?
- Fühlen Sie sich momentan leicht ungeduldig und gereizt?
- Sind Sie überfordert, und werden Sie schnell krank?
- Trauen Sie sich manchmal zuwenig zu, und sind Sie zu bescheiden?
- Quält Sie Einsamkeit oder das Gefühl, nicht gebraucht zu werden?

Werden Sie aktiv, und sorgen Sie mit Bach-Blüten für dauerhaftes Wohlbefinden und eine nicht mehr angreifbare Gesundheit – körperlich und psychisch.

Sollte nur eine oder aber sogar mehrere dieser Fragen auf Sie zutreffen, so haben Sie mit diesem Buch einen Ratgeber in der Hand, der Ihnen helfen kann, Ihre derzeitige Situation zu meistern, Ihre ursprüngliche Gesundheit und Ihr inneres Wohlbefinden wieder zurückzuerlangen. Zudem führt Sie dieses Buch in die wunderbare

Welt der natürlichen Pflanzen und Bäume als Heilmittel, die Dr. Edward Bach für zahlreiche psychische und körperliche Beschwerden entwickelt hat.

Bach-Blüten überzeugen

Dr. Bach sagt: Pflanzen- und Baumblüten müssen nur wenige Stunden in warmem, klarem Wasser liegen, und ihre Heilkräfte gehen in die Flüssigkeit über. Schon wenige Tropfen dieser Bach-Blütenessenz sind in der Lage, psychische Beschwerden wie Übersensibilität, Angst, Depressionen zu heilen.

Aber auch körperliche Erkrankungen wie Allergien, Asthma, Hautkrankheiten, Wechseljahrebeschwerden u. a. vertreiben Sie erfolg-

Die kleinen gelben Blüten an den langen Blütenähren der Agrimony leuchten zwischen Juni und August auf Feldern und Brachland.

reich mit dieser Therapie. Wo die Schulmedizin versagt, können Bach-Blüten wirkungsvoll helfen – auch wenn ihre Wirkung heute noch nicht wissenschaftlich bewiesen ist. Ihre Erfolge bei Frauen und Männern, Kindern und sogar bei Tieren sprechen für sich!

Ein Beispiel aus der Praxis

»Was sagen Sie«, die Patientin starrte mich ungläubig an, »ich habe keine Akne! Sie waren meine letzte Hoffnung, um die Ursache meiner Hauterkrankung herauszufinden. Und jetzt sagen Sie, ich hätte keine Akne. Was habe ich denn?«
Ich legte ihr als Heilpraktikerin alle Untersuchungsergebnisse vor und zeigte ihr die Ergebnisse des Blutbilds, den Allergietest, das Resultat der Stuhluntersuchung. »Sie haben weder eine Allergie noch

Die schlanke Zitterpappel, Aspen genannt, zieht im März und April mit ihren hübschen Kätzchen die Blicke auf sich.

Gerade wenn belastende Ereignisse oder Erlebnisse verdrängt werden, äußert sich der psychische Druck oft später als körperliche Krankheit.

eine Hefepilzinfektion, noch Keime im Darm, die eine Entzündung verursachen könnten. Sie waren bei Ihrem Internisten, bei Ihrem Hausarzt sowie zur Klärung des Hormonspiegels bei Ihrem Frauenarzt. Sogar der Zahnarzt hat Ihre Zähne auf Amalgam und Eiterherde überprüft. Alles negativ! Man spricht bei entzündlichen Hautveränderungen, die vorwiegend im Kinn- und Mundbereich auftreten und unter denen Sie zur Zeit leiden, von einer sogenannten perioralen Dermatitis, die häufig psychische Ursachen hat. Sicherlich haben Sie schon gehört, daß die Haut der Spiegel unserer Seele ist. Was halten Sie davon, wenn wir Ihr Hautproblem mit der Bach-Blütentherapie behandeln?«

»Davon habe ich zwar schon einiges gehört, aber daß das wirkt, bezweifle ich doch stark. Ich glaube nicht daran.«

»Das hat nichts mit Glauben zu tun«, antwortete ich ihr. »Lassen Sie mich ganz offen darauf hinweisen, daß es etwas in Ihrem Leben gibt, was Sie bis jetzt unterdrückt und verdrängt haben. Nun zeigt Ihnen Ihr Körper, daß der Zeitpunkt gekommen ist, sich mit diesem Problem auseinanderzusetzen. Gerade die Haut steht in einem engen Zusammenhang mit dem Nervensystem und den Gefühlen.«

Das Wesen der Krankheit

»Krankheit ist weder Grausamkeit noch Strafe, sondern einzig und allein ein Korrektiv; ein Werkzeug, dessen sich unsere eigene Seele bedient, um uns auf unsere Fehler hinzuweisen, um uns von größeren Irrtümern zurückzuhalten, um uns daran zu hindern, mehr Schaden anzurichten – und uns auf den Weg der Wahrheit und des Lichts zurückzubringen, von dem wir nie hätten abkommen sollen.«

Dr. Edward Bach

Körperlich krank – die Ursache liegt tiefer

Die Patientin willigte ein, die für sie ungewohnte Therapie zu versuchen. Im Verlauf mehrerer Gespräche stellte sich heraus, daß sie im Alter von ca. acht Jahren von ihrem Onkel sexuell mißbraucht worden war. Sie hatte bis heute nicht über dieses traumatische Erlebnis

sprechen können. Noch jetzt, im Alter von 38 Jahren, fühlte sie sich beschmutzt. Sie hatte einen Putztick entwickelt, der andere störte. Ihr Ehemann unternahm häufig Geschäftsreisen, sie war sehr viel allein und hatte keine wirkliche Aufgabe. Ständig grübelte sie daher über ihre Vergangenheit nach, fühlte sich einsam und nutzlos. Diese Probleme machten sie darauf aufmerksam, daß etwas nicht stimmte und daß sie sich mit sich selbst tiefer auseinandersetzen mußte.
Die Bach-Blütentherapie war bei ihr nach sechs Monaten abgeschlossen, schon nach ca. fünf Wochen hatte sie eine optimistischere Lebenseinstellung. In meiner Praxis behandelte ich die Hautbeschwerden zusätzlich äußerlich mit Cremes und mit Akupunktur.
Die Patientin war jetzt in der Lage, sich mit ihrer Vergangenheit auseinanderzusetzen. Ihr Selbstvertrauen wuchs, und sie traute sich schrittweise zu, neue Aufgaben zu übernehmen. Ihr seelisches Gleichgewicht wurde stabiler; sie hatte ein langes, klärendes Gespräch mit ihrem Ehemann und begann eine Fremdsprachenausbildung.

Erkennen Sie, daß Ihr Körper Ihr bester Freund ist; und einen Freund und Freundschaften muß man pflegen! Die Bach-Blüten von Dr. Edward Bach werden Ihnen dabei helfen.

Vertrauen Sie der Kraft der Natur!

Die Bach-Blütentherapie, die zu Beginn ihrer Entdeckung von konservativen Medizinern belächelt wurde, machte Dr. Edward Bach schon zu Lebzeiten berühmt. Sie ist heute von zahlreichen Ärzten und Heilpraktikern anerkannt und wird erfolgreich als Naturheilmittel eingesetzt. Einer ihrer vielen Vorzüge ist, daß sie auch gut neben anderen Naturheilverfahren oder ergänzend zu den klassischen Verfahren der Schulmedizin angewandt werden kann.

Sie selbst sind verantwortlich!

Bedenken Sie: Jeder Mensch trägt die Verantwortung für sein eigenes Leben – und damit auch für seine Gesundheit! Nutzen Sie die Chance, die sich Ihnen damit bietet, und nehmen Sie Ihr Leben aktiv in die Hand. Wehren Sie sich gegen die Fremdbestimmung über Ihren Körper durch Ärzte, die oft vorschnell den Rezeptblock zücken.
In vielen Arztpraxen werden Ihnen heute aufgrund der staatlich verordneten Kostendämpfung im Gesundheitswesen erhebliche Selbstkosten zugemutet – von den zahlreichen, oft kaum abzusehenden Nebenwirkungen der chemischen Medikamente ganz zu schweigen.

WER WAR DR. BACH?

Der englische Arzt Dr. Edward Bach war der Erfinder der nach ihm benannten Bach-Blütentherapie, jener natürlichen Heilmethode, die heute immer mehr Anhänger gewinnt. Sie ist eine ernstzunehmende Alternative zur Schulmedizin und eine gute Ergänzung zu bekannten natürlichen Heilverfahren wie der Homöopathie, Akupunktur und Akupressur sowie vielen anderen, nicht chemisch hergestellten Heilmitteln, die immer mehr den Markt erobern.

Der erfolgreiche Arzt und medizinische Forscher

Dr. Edward Bach wurde 1886 in der Nähe von Birmingham geboren; er studierte Medizin an der Universität von Cambridge und schloß seine umfassende Ausbildung als Arzt mit vier Diplomen ab. Zunächst wurde er Unfallchirurg an einem Londoner Krankenhaus, dann widmete er sich der Bakteriologie. Er arbeitete als bakteriologischer Assistent am Universitätskrankenhaus in London. Schnell machte er sich dort durch seine herausragenden Forschungsergebnisse auf diesem medizinischen Fachgebiet einen Namen.

Will ein Arzt den ganzen Menschen heilen und nicht nur eine akute Krankheit, dann reicht die Schulmedizin nicht aus! Dr. Bach griff erfolgreich zu natürlichen Heilmitteln.

Die Suche nach den Krankheitsursachen

Dr. Bach suchte, von den Grenzen der schulmedizinischen Therapien enttäuscht, nach umfassenderen Möglichkeiten, um seinen leidenden Patienten zu helfen, und er versuchte, tiefergehend die Ursachen der Krankheitsentstehung zu erforschen. Dieses Ziel führte ihn zur Homöopathie und damit zu der Lehre Samuel Hahnemanns. Die Übereinstimmung zwischen der Homöopathie und seinen eigenen Forschungen hinsichtlich der Entstehung von Krankheiten beeindruckte ihn und bestärkte ihn zugleich, sich noch intensiver seinen Forschungen zu widmen.

Wie Hahnemann sah Bach den menschlichen Körper und die Psyche als eine Einheit; daher wollte er nicht einzelne Krankheiten, sondern den ganzen Menschen heilen. Ständig war er auf der Suche nach den wahren Ursachen von Krankheiten, und so wurde er ein hervorragender Kenner der menschlichen Psyche.

Erfolge in der Bakteriologie

Zunächst erforschte Dr. Edward Bach als Bakteriologe am Königlichen Homöopathischen Krankenhaus in London die menschliche Darmflora. Er fand sieben Hauptkeimgruppen im Darm, und es gelang ihm, sie der jeweiligen Persönlichkeitsstruktur der Patienten zuzuordnen. Darauf aufbauend entwickelte er eine homöopathische Impftherapie gegen diese Krankheitserreger, die sich schon bald als überaus erfolgreich erwies und dem Arzt beachtliche wissenschaftliche Anerkennung einbrachte. Das war die Entstehung der sieben sogenannten Bach-Nosoden (homöopathisches Mittel), die noch heute fester Bestandteil der international angewandten Homöopathie sind.

Die Psyche heilen

Eine Folge der Entdeckung der Bach-Nosoden war die phantastische medizinische Chance, nun viele chronische Fälle heilen zu können. Dies bestätigte Dr. Bach darin, daß seine Vermutung richtig war: Jede Krankheit hat eine ganz bestimmte psychische Ursache. Bei der Behandlung seiner Patienten berücksichtigte er fortan diese Erkenntnis und verordnete nur Nosoden, die der Persönlichkeitsstruktur der Erkrankten entsprachen.
Bewegt durch eine tiefe Liebe zu seinen erkrankten Patienten und den Wunsch, ihnen zu helfen, befaßte er sich immer tiefer mit der Psychosomatik, also mit der Bedeutung psychischer Belastungen oder individueller Grundeinstellungen für die Entstehung und den Verlauf von körperlichen Krankheiten. Das bestimmte seinen weiteren Lebensweg. Die lange Erfahrung im Umgang mit Kranken, seine außerordentliche Beobachtungsgabe und sein Interesse an der Natur ließen Bach hoffen, eine psychosomatische Heilmethode zu finden.

Das nächste Ziel: Umfassende Heilung

Nosoden sind homöopathische Mittel, die aus lebenden Krankheitserregern im menschlichen Blut entwickelt werden. Auch Hahnemann arbeitete mit Nosoden.

Bach verbrachte sehr viel Zeit mit seinen Patienten, hörte geduldig ihre Sorgen und Nöte an und versuchte, den Zusammenhang zwischen der Ursache einer Erkrankung und ihren Auswirkungen zu finden.
Er verordnete seine Bach-Nosoden nur nach strikter Beachtung der Persönlichkeitsstruktur des jeweiligen Patienten und seines aktuellen psychischen Zustandes. Auf diese Weise heilte er Hunderte von Patienten. Doch dies genügte ihm nicht, denn er war der Meinung, daß es noch mehr geben müsse, um den Patienten wirkungsvoller zu helfen.
So verließ er bei jeder sich bietenden Gelegenheit sein Labor, um die Studien in der freien Natur fortzusetzen. Er suchte nach Kräutern und Heilpflanzen, die auf natürliche Art seine bereits vorhandenen sieben Nosoden ergänzen könnten.

Der Wegbereiter einer neuen Naturheiltherapie

Als 43jähriger verkaufte Dr. Bach 1930 seine gutgehende Praxis, die sich in einer der besten Gegenden Londons befand, und gab seine Laborarbeit, die internationale Aufmerksamkeit erweckt hatte, zugunsten der Erforschung von Heilpflanzen auf. Da er seine bisherigen privaten Forschungen auf diesem Gebiet bereits selbst finanziert hatte, ging er völlig mittellos nach Wales aufs Land.

38 Blüten für alle Krankheiten

In der Natur suchte Bach nach den wirksamsten Heilkräften in den Blüten von Pflanzen und Bäumen. Er fand zunächst zwölf, später dann insgesamt 38 Heilpflanzen, aus deren Blüten er jeweils eine Essenz gewann. Alle mit seinen speziellen Methoden (siehe Seite 31f.) hergestellten Blütenessenzen testete er im Selbstversuch. Das bedeutete, daß er den psychischen Zustand, für den er ein Heilmittel suchte, erst selbst durchleben mußte, um sich anschließend mit der entsprechenden Heilpflanze zu behandeln.

- Mit Freunden und Helfern probierte er die neue Behandlungsmethode jahrelang aus und war schließlich davon überzeugt, daß ausschließlich negative Gemütszustände Krankheiten – seien sie körperlich oder psychisch – auslösen.
- Zudem war er fasziniert davon, daß seine Methode, Krankheiten zu heilen, so einfach durchführbar war, daß selbst Laien sie in der Selbstbehandlung erfolgreich anwenden konnten, ohne daß unangenehme Nebenwirkungen zu befürchten waren.
- Damit machte er die Patienten weitgehend unabhängig von Ärzten und Arztpraxen.

Wenn Sie Ihren Körper und Ihre Gemütsverfassung aufmerksam beobachten, können Sie sich mit Bach-Blüten selbst heilen. Ohne teure Medikamente, ohne lange Wartezeiten in der Arztpraxis.

Bach verfaßte ein Buch über die sieben Hauptgruppen von Gemütszuständen, die Übertragungsweise der Heilkräfte von Pflanzen auf Wasser und die 38 Bach-Blüten mit ihrer Entsprechung in den psychischen Zuständen von Patienten. Damit war die Bach-Blütentherapie geboren.

Vorteile der Blütentherapie nach Dr. Bach

- Die Blütenessenzen werden aus den Blüten natürlicher Blumen, Sträucher und Bäume gewonnen, sind nicht giftig und schaden nicht – gleichgültig, wie viele Tropfen Sie nehmen.
- Die Heilmittel sind auf 38 begrenzt und in ihrer Anwendung und Wirkung genau beschrieben; daher kann jeder Laie sie anwenden.
- Die Auswahlkriterien für die einzelnen Blütenessenzen sind so einfach, daß sie jeder versteht. Selbstbehandlung ist ohne schädigende Nebenwirkungen möglich.
- Der nachweisbare Heilungserfolg – sogar bei Tieren – spricht für diese natürliche Methode.

1936 starb Dr. Edward Bach in Sotwell, im Norden Englands. Dort befindet sich heute das Dr. Bach Centre, ein Forschungsinstitut, das auf einem großen Gelände Bach-Blüten züchtet und die Blütenessenzen für den internationalen Bedarf herstellt.

Was bedeuten Gesundheit und Krankheit?

Was heißt Gesundheit im eigentlichen Sinn? Laut Definition der Weltgesundheitsorganisation (WHO) bedeutet Gesundheit das körperliche und psychische Wohlbefinden des Menschen. Gesund sind wir also folglich, wenn alle Organe funktionsfähig sind, die Laborwerte innerhalb der medizinisch festgelegten Norm liegen, wir keine Schmerzen oder Beschwerden verspüren, zusätzlich Kraft und Vitalität besitzen und unser Leben harmonisch verläuft – d.h., wenn wir glücklich sind.

In einem gesunden Körper steckt ein gesunder Geist, und ein gesunder Geist schafft einen gesunden Körper.

Vorsicht Selbstbetrug!

Doch sind wir wirklich gesund, wenn wir uns täglich selbst belügen und unseren psychischen Konflikten aus dem Weg gehen? Wenn wir nach außen hin die Fassade wahren, den schönen Schein einer zufriedenen Existenz? Wenn wir unserer Umwelt vorspielen, wie glücklich wir in unseren Beziehungen und Partnerschaften sind? Und dabei fühlen wir uns im Innersten doch unglücklich und sind voller Angst und Zweifel.

Ist die berufstätige Mutter, dazuverdienende Ehefrau oder karriereorientierte Single-Lady zufrieden und glücklich, wenn

- Sie die eigenen Bedürfnisse immer wieder zurückstellt, weil das berufliche Engagement mehr Zeit fordert?
- Der tägliche Kleinkrieg unnötig viel Energien kostet?
- Freund oder Ehemann nebst Kindern mehr fordert als gibt?

Ihre finanzielle Situation mag gesichert sein, die Anerkennung der Gesellschaft ist ihr gewiß – für welche Lebensform sie sich auch entschieden haben mag –, vielleicht sieht sie sogar noch eine Zeitlang attraktiv und gut aus. Nur gesund lebt sie nicht!

Beech ist die bekannte Rotbuche, die als einzelner Baum auf Wiesen einen herrlichen Anblick bietet. Männliche und weibliche Blüten finden Sie auf dem gleichen Baum.

Gesundheit – ein kostbares Gut

Krankheit setzt immer erst dann ein, wenn der Körper krankheitsanfällig geworden ist. Jetzt können Sie noch vorbeugen!

Gesundheit definierte Dr. Bach nicht nur nach körperlichen Kriterien, sondern vor allem nach psychischen Aspekten: Gesund ist ein Mensch, wenn er viele positive Charaktereigenschaften besitzt. Damit meinte er Liebe, Hingabe, Ehrlichkeit, Verständnis, Zuverlässigkeit, Demut, Bescheidenheit, Zufriedenheit, Gerechtigkeitssinn u. v. m. Diese vielleicht altmodisch klingenden Tugenden tragen – wenn sie bewußt gelebt werden – entscheidend zur Gesundheit des Menschen bei. Solche positiven Charaktereigenschaften bringen den einzelnen in eine positive und glückliche Stimmung.

Positive Gefühle ermöglichen eine positive Lebensenergie

Die Ausstrahlung gesunder Menschen, die im Besitz positiver Eigenschaften und Gefühle wie Liebe, Verständnis und Zufriedenheit sind, auf ihre Umwelt und insbesondere auf ihre Mitmenschen ist dank der harmonischen Energieschwingung in ihrem Körper positiv und gesund. Diese Harmonie aktiviert die Selbstheilungskräfte des Körpers und macht ihn weniger anfällig für Krankheiten. Sie leben nicht nur gesund, sondern auch glücklich.

Gegenbeispiele für Menschen, deren innere Harmonie aus dem Gleichgewicht gebracht wurde, gibt es viele. Denken Sie nur an einen gängigen Fall aus dem täglichen Leben: Eine tiefe Beziehung geht zu Ende. Wo einst Liebe, Vertrauen und Hingabe existierten, herrschen

Vorbeugung nach Dr. Bach

- Erschöpfung setzt plötzlich ein, ohne daß sich schon starke körperliche Beschwerden bemerkbar machen.
- Wird jetzt der psychische Allgemeinzustand unterstützt, kann der Ausbruch einer Krankheit erfolgreich verhindert werden.
- Vorbeugung im frühesten Stadium einer möglichen Erkrankung ist der sicherste Weg zu dauerhafter Gesundheit.
- Krankheit kann nur entstehen, wenn bereits eine Krankheitsanfälligkeit vorliegt – und sie wird durch Überforderung und Erschöpfung verursacht.

nun Haß, Mißtrauen und Ablehnung. All diese negativen Gefühle bergen viele negative Energien und bilden gemeinsam eine explosive, krank machende Mischung. Die Betroffenen werden krankheitsanfällig – und jetzt haben unzählige Krankheitserreger, die sich ständig in der Umwelt befinden, eine Chance.

Krankheit – ein warnendes Zeichen

Krankheit ist eine Disharmonie der körperlichen und psychischen Ordnung im menschlichen Organismus. Werden geistige Ziele oder emotionale Wünsche nicht realisiert, wird der Körper krank.

Dr. Bach definierte Krankheit als Mißverhältnis zwischen den Wünschen eines Menschen und der Reaktion seiner Persönlichkeit auf die Realität. Aus den ursprünglichen Tugenden Liebe, Verständnis, Zufriedenheit, Gerechtigkeitssinn werden Mängel, wenn die individuellen Wünsche gar nicht oder zumindest nicht sofort erfüllt werden können.

Dies führt zunächst zu energetischen Blockaden im Körper, in deren Gefolge sich auch die energetische Schwingungsfrequenz verlangsamt. Die innere Energie des Betroffenen ist also eingeschränkt. Damit verändern sich der Charakter des Betroffenen sowie seine Handlungs- und Reaktionsweise. Und diese negative und zerstörerische Persönlichkeitsveränderung ist dann die eigentliche Ursache der Erkrankung.

Krankheit als Chance

Wenn der Mensch krank ist, äußert sich dies in bestimmten körperlichen Veränderungen – getreu dem Motto »Wer nicht hören will, muß fühlen«.

- Der Manager erleidet möglicherweise aufgrund seiner Überforderung einen Herzinfarkt, bekommt aber während dieser Krankheit und der notwendigen Ruhepause die Chance, sein Leben positiv zu korrigieren.
- Das Magengeschwür der mehrfach belasteten berufstätigen Ehefrau zwingt sie, über ihre Gesundheit und ihre Lebenssituation nachzudenken.

Krankheit ist also immer auch eine Gelegenheit, die Wahrheit zu erkennen, das bisherige Leben einer Korrektur zu unterziehen und eingefahrene Bahnen zu verlassen.

Jede Krankheit ist daher als Notbremse des Körpers zu begreifen. Jetzt sollen aufgestaute negative Kraft und zerstörerische Energien abgeleitet werden. Wenn Sie sich krank fühlen, können Sie sicher sein, daß Ihr körperliches Wachstum und Ihre Regenerationskräfte ebenso wie Ihre geistigen wie psychischen Entfaltungsmöglichkeiten in Gefahr sind.

Psychische Probleme ermöglichen körperliche Krankheiten

Die eigentliche Ursache jeder Erkrankung steckt im psychischen Bereich. Sie müssen für sich klären, was oder wer Sie behindert und Ihre Energien blockiert. Dies zu erkennen ist meist sehr schwierig, denn alles Unangenehme wird nur zu oft verdrängt. Und Sie wissen selbst, die Wahrheit tut weh, und es ist schwierig, sich selbst den Spiegel vorzuhalten und die Realität schonungslos zu erkennen.

Das eigene Leben selbst bestimmen

Da die Gesundheit maßgeblich von einer Harmonie des Körpers und der Psyche, von einem möglichen Einklang persönlicher Bedürfnisse und Wünsche mit äußeren Realitäten und den Bedürfnissen der Mitmenschen abhängt, sollten Sie sich die Situation des Menschen generell und die in ihm verankerte Beziehung von Körper und Psyche einmal näher ansehen, um Ihr eigenes Leben in Zukunft erfolgreich bestimmen zu können.

Achten Sie zwischen Juni und August auf trockenen Feldern und an Wegrändern auf rosa Blüten: Das ist Centaury, das Tausendgüldenkraut.

Körper, Geist und Seele als ein Ganzes

Dr. Bach erklärte die Wechselwirkungen von Körper, Geist und Psyche folgendermaßen:

- Alle Lebewesen dieser Erde – Menschen wie Tiere – sind Bestandteil der Schöpfung.
- Jedes Individuum trägt seinen Teil zum Ganzen der umfassenden Einheit bei.
- Jedes Lebewesen ist einzigartig und individuell, seine Entwicklung erfolgt nach ganz bestimmten Gesetzmäßigkeiten.
- Demnach besitzt jedes Lebewesen und jeder Mensch eigene Energiepotentiale. Man spricht hier auch von einer speziellen Lebensaufgabe, dem Karma oder Schicksal.
- Jeder Mensch verfügt zudem über eine körperliche Hülle, die vergänglich ist, und eine unsterbliche Seele, die nach dem körperlichen Tod weiterlebt oder sich weiterentwickelt.
- Eng verbunden mit Körper und Seele ist das sogenannte höhere Selbst, das wie eine Art Katalysator funktioniert: Das Schicksal des einzelnen wird durch die Seele mit Hilfe des höheren Selbst in die Praxis umgesetzt. Diesen Vorgang bezeichnete Dr. Bach als »die Tugenden unserer höheren Natur«.

Die meisten unserer Probleme und Gesundheitsstörungen haben ihren Ursprung in der Psyche. Verdrängte oder nicht aufgearbeitete Gefühle verfestigen sich in Form von psychischen Konflikten, die Krankheiten hervorrufen.

Die tubenförmigen, blaßblauen Blüten des Bleiwurz, Cerato genannt, finden Sie im August und September auf trockenen Böden.

Da jeder Mensch das unbewußte Bedürfnis hat, in Harmonie mit sich, seiner Umwelt und seinen Mitmenschen zu leben, versucht die Natur immer, einen harmonischen Zustand zu erreichen. Tritt ein Mangel an dieser erstrebten Harmonie auf, so kommt es laut Dr. Bach zur Krankheitsanfälligkeit, der eigentlichen Ursache jeder Krankheit, die durch eine psychische Belastung ausgelöst wird.

Selbstheilung steckt in jedem Menschen

Manchmal schlägt das Leben hart zu: Ein unnachgiebiger Chef, Familienstreit, ein Unfall oder gar der Tod eines geliebten Menschen – mit Bach-Blüten meistern Sie es leichter!

Dr. Bach ging davon aus, daß der Heiler in jedem einzelnen selbst existiert. Jeder Mensch ist in der Lage, allein durch seine psychische Einstellung wieder gesund zu werden. Denn nur durch sie ist er auch krank geworden. Die inneren positiven Gefühle und Gedanken geben dem Körper die Kraft, sich selbst zu heilen. Beispiele für menschliche Tragödien mit positivem Ausgang gibt es reichlich:

- Menschen, die durch einen schweren Unfall innerhalb des Bruchteils einer Sekunde behindert werden oder deren Gesundheit stark beeinträchtigt wird
- Menschen, die plötzlich aus dem täglichen Geschehen gerissen werden, deren berufliche Karriere jäh zerstört wird oder denen alles genommen wird, was ihnen bis dahin wichtig war.

Sie können lebensbedrohlich verletzt sein, wochenlang in der Klinik liegen und müßten während der langen Rehabilitation eigentlich verzweifelt und depressiv werden. Trotz solcher Schicksalsschläge wird aber immer wieder berichtet, daß die Betroffenen wieder Vertrauen zu sich selbst fassen. Sie schaffen es mit einem konsequenten Willen, sich wieder – soweit wie möglich – Beweglichkeit, Sprachgebrauch, Gedächtnis usw. anzutrainieren; und sie beginnen ein neues Leben, trotz eingeschränkter Körperfunktionen und bleibender Behinderungen. Sie haben sich mit eisernem Willen, Durchhaltevermögen, Selbstvertrauen und einer Entschädigung der Versicherung eine neue Existenz aufgebaut, die sie ihren jetzigen Bedürfnissen anpassen.
Menschen, die sich nicht entmutigen lassen und auch schwierigen Situationen noch etwas Positives abgewinnen können, sind in der Lage, alles zu überstehen und viel zu erreichen. Denn in jedem Ende liegt für sie schon der Keim des Neubeginns. Und Negatives hat oftmals rückblickend auch etwas Positives bewirkt – und sei es »nur« eine Änderung in der Selbstbetrachtung.

Sind Bach-Blüten das richtige Mittel für Sie?

Testen Sie Ihre eigene Einstellung zu Naturheilverfahren und zu einer Methode wie der Bach-Blütentherapie mit den folgenden Fragen.

- Besitzen Sie eine gute Beobachtungsgabe für Ihren eigenen Körper?
- Spüren Sie frühzeitig Veränderungen an sich selbst – körperliche oder psychische?
- Möchten Sie Ihr Leben – und damit Ihre Gesundheit – lieber in die eigene Hand nehmen, anstatt sie der Verantwortung eines Arztes zu überlassen?
- Merken Sie, wenn eine Krankheit »im Anzug ist«?
- Leiden Sie an regelmäßig wiederkehrenden Symptomen wie z. B. Husten, Schnupfen, Magen- oder Rückenschmerzen?
- Möchten Sie Krankheiten lieber vorbeugen als sie mühsam durchstehen?
- Sind Sie chronisch erkrankt – z. B. an Asthma oder Allergien –, und findet Ihr Arzt nicht die Ursache?
- Ist es Ihnen nicht gleichgültig, was Sie bei Beschwerden schlucken?
- Lehnen Sie chemische Medikamente ab, und fürchten Sie unliebsame Nebenwirkungen bei manchen Arzneien?
- Legen Sie Wert auf überschaubare und möglichst niedrige Kosten bei einer Behandlung?
- Suchen Sie eine wirksame Heilmethode bei unterschiedlichsten Erkrankungen für die ganze Familie?

Wenn Sie auch nur eine Frage mit Ja beantwortet haben, dann sollten Sie sich mit Hilfe dieses Buches über die Bach-Blütentherapie genauer informieren; sie könnte eine sinnvolle Behandlungsmethode für Sie sein. Haben Sie fünf oder mehr Fragen mit Ja beantwortet, dann sind die Blütenessenzen von Dr. Edward Bach das richtige Mittel für Sie. Schaffen Sie sich mit Bach-Blüten die Basis für eine dauerhafte Gesundheit und ein zufriedenes Leben.

Auf die persönliche Einstellung kommt es an. Fragen Sie sich selbst, ob Bach-Blüten und Naturheilverfahren für Sie sinnvoll sind.

WAS SIND BACH-BLÜTEN?

Im Laufe seiner Forschungsjahre fand Dr. Edward Bach 37 wildwachsende Pflanzen und Bäume, deren Blütenstoffe auf ganz bestimmte Gemütszustände des Menschen positiv einwirken können. Zu diesen natürlichen Heilmitteln gehört auch als 38. Heilmittel reines Quellwasser. Mit seiner ganz eigenen Sonnenschein- und Kochmethode gewann Dr. Bach aus den Blüten Naturheilmittel und heilte damit schon zu Lebzeiten unzählige Patienten erfolgreich.

Homöopathie als medizinische Basis

Um verstehen zu können, wie und warum Bach-Blüten wirken, zunächst eine kleine Exkursion in die Homöopathie. Ihr Begründer, der Arzt Samuel Hahnemann (1755–1843), stellte folgenden Grundsatz für seine Pflanzenheilkunde fest: »Man wende bei der zu heilenden Krankheit dasjenige Arzneimittel an, welches imstande ist, eine möglichst ähnliche Krankheit hervorzurufen, und diese wird geheilt werden.«
Seine lateinische Losung »Similia similibus curantur« bedeutet: Ähnliches soll Ähnliches heilen!

Dr. Edward Bach studierte zunächst Hahnemanns Homöopathie, wurde anerkannter Mediziner und wandte sich dann neuen Forschungen zu: den natürlichen Blüten von Pflanzen, Büschen und Bäumen.

In der Praxis sah dies so aus: Hahnemann verabreichte dem Patienten ein homöopathisch aufbereitetes Mittel aus ausgepreßtem Pflanzensaft, der im Verhältnis eins zu eins mit 90prozentigem Alkohol konserviert und stufenweise stark verdünnt worden war.
Diese Heilpflanzenmittel sind in ihrer Zusammensetzung den unterschiedlichen Krankheitserregern sehr ähnlich, d.h., sie erzeugen beim Gesunden die gleichen Symptome, die sie beim Kranken heilen.
Dadurch kommt es im Körper zu der gewünschten Abwehrreaktion: Der Körper bildet Antikörper gegen den Krankheitserreger und beschleunigt damit den Heilungsverlauf. Auf diesem Vorgang basiert die Wirkung von Impfungen heute noch.

Bach-Blüten als Heilmittel

Pflanzen als Heilmittel sind seit alters bekannt; doch Bach ging weiter: Er fand 37 natürliche Pflanzen, in denen er eine göttliche höhere Ordnung und damit eine ganz besondere Kraft annahm. Sie entsprechen seiner Meinung nach speziellen psychischen Zuständen des Menschen; d.h., es gibt Pflanzen, die Gefühle wie Mißgunst, Eifersucht, Angst, Mutlosigkeit und manch andere Gemütszustände kurieren können. Und da Dr. Bach als Arzt davon ausging, daß negative psychische Grundstimmungen Krankheiten verursachen, hatte er damit das Naturheilmittel schlechthin gefunden.

Die Blütenessenzen von Dr. Bach werden nach ähnlichen Kriterien hergestellt wie die homöopathischen Heilmittel von Hahnemann. Bei den verwendeten Blüten handelt es sich um ungiftige Blüten von Bäumen und Pflanzen, die an naturbelassenen Orten wachsen und die heute für die Naturheilmittelproduktion auch gezüchtet werden. Die Blumen, Pflanzen und Bäume sehen meist sehr unscheinbar aus und werden vom Laien aus diesem Grund oft sogar als Unkraut betrachtet.

Wo wachsen Bach-Blüten?

Bach-Blütenessenzen sind mit den Energien von Pflanzen angereicherte Wasserlösungen, die harmonisierend auf die menschliche Energie und unterschiedlichste Gefühle einwirken.

Edward Bach fand seine 37 Blüten, die die Basis seiner Therapie bilden, in England auf dem Lande. Doch es handelt sich nicht um ausschließlich dort beheimatete Pflanzen.

Die Mehrzahl der Bach-Blütenpflanzen ist Ihnen wohl vertraut: Die Essenzen werden gewonnen aus den Blüten von Odermennig, Wegwarte, Eisenkraut, Tausendgüldenkraut und Herbstenzian; aus Baumblüten wie Ulme, Lärche, Hainbuche, Rotbuche, Walnußbaum, Roßkastanie und aus so verbreiteten Pflanzen wie der Heckenrose und dem Geißblatt. Deshalb finden Sie einen Großteil dieser Blüten auch unmittelbar in Ihrer eigenen Umgebung.

Heute werden im Norden Englands, in dem Dr. Bach Centre in Sotwell, alle Bach-Blüten auf einem großen Gelände gezüchtet, wo eine Belastung durch Auto- und Industrieabgase ausgeschlossen werden

Vorsicht beim Pflücken!

Heute ist ein Großteil der Pflanzen in freier Natur durch Auto- und Industrieabgase, Grundwasser- und Luftverschmutzung stark belastet.
Daher ist es fast immer sinnvoller, sich die eigene Mischung von Bach-Blüten beim Apotheker zusammenstellen zu lassen oder sie selbst mit den käuflichen Blütenessenzen aus Stock-Bottles zu mischen. So sind unliebsame Schadstoffe an den Blüten garantiert ausgeschlossen, und Sie erhalten eine Mischung aus den reinen Blütenessenzen.

kann. So steht für die Produktion der Stock-Bottles stets eine ausreichende Menge Pflanzen- und Baumblüten zur Verfügung.

Bach-Blüten wirken auf die Psyche, d.h., sie heilen nicht direkt bestimmte Krankheiten, sondern sie stimmen den Menschen psychisch um.

So wirken Bach-Blüten

Einzelne Bach-Blütenessenzen entsprechen individuellen Gemütszuständen und sind daher in der Lage, negative Stimmungen positiv zu beeinflussen.
Damit hellt sich der Gesamtzustand des Betroffenen wieder auf, und seine Krankheitsanfälligkeit nimmt ab. Die Disharmonie im Innern einer Persönlichkeit wird aufgelöst, und sie kann wieder zufrieden mit sich selbst leben. Innere Konflikte, die unangenehme energetische Blockaden und daraus später resultierende Krankheiten verursachen, werden so überwunden.

Die Heilung der Psyche

Dank ihrer Wirkung im psychischen Bereich können Bach-Blüten sowohl bei akuten Erkrankungen als auch zur Vorsorge unbesorgt an-

Vorsicht bei organischen und chronischen Erkrankungen!

Die Wirkung der Blütenessenzen bezieht sich auf psychische Aspekte wie z. B. die Lösung von energetischen Blockaden, die Befreiung von Angstzuständen usw. Durch die Einnahme der Bach-Blüten werden Disharmonien im Innern des Betroffenen aufgelöst, und die Persönlichkeit kann sich wieder frei entfalten.

Beachten Sie bitte unbedingt, daß bei organischen sowie bei chronischen Erkrankungen und Notfällen die Bach-Blütentherapie auf keinen Fall andere – etwa lebensrettende Medikamente – ersetzen kann. Sie können die Blütenessenzen zusätzlich zur Unterstützung des psychischen Gleichgewichts anwenden. Sie ersetzen jedoch keinesfalls einen Arzt!

Seit über 13 Jahren werden in meiner Naturheilpraxis die Patienten unterstützend mit Bach-Blütenessenzen behandelt.

Prinzipien der Bach-Blütentherapie nach Dr. Bach

- Medizinisches Wissen ist für die Anwendung der Blütenessenzen nicht erforderlich. Deshalb kann diese Therapie auch von Laien angewendet werden.
- Die akute oder chronische Krankheit des Patienten ist unerheblich bei der Auswahl der Mittel von Dr. Bach.
- Der Gemütszustand und die psychischen Reaktionen des Patienten verweisen allein auf die geeignete Bach-Blütenessenz oder -mischung.
- Bach-Blüten, die dem akuten psychischen Zustand erfolgreich entgegenwirken, verbessern die Gesundheit so sehr, daß auch die momentane Erkrankung geheilt wird.

gewandt werden. Gerade auch die Erfolge bei der Kinderbehandlung sprechen für diese Therapie. Doch beachten Sie stets: Bach-Blüten sind kein Medikament, sondern ein natürliches Heilpflanzenmittel, das psychosomatisch wirkt. Bach ging ja davon aus, daß alle Erkrankungen letztlich psychisch bedingt sind. Seine Blütenessenzen sind erfolgreich bei den Folgen psychischer Probleme, bei Erkrankungen nach Überforderung, Überanstrengung und Streß. Sie können auch bei einer Viruserkrankung den Allgemeinzustand verbessern, nicht aber das Virus selbst bekämpfen.

Kritik trotz des großen Erfolgs

Die Schulmedizin hegt auch heute noch teilweise Zweifel an der Wirksamkeit von Homöopathie und Bach-Blüten. Wegen der starken Verdünnung könne es keine bzw. nur eine sehr geringe Wirkung geben. Ein Zitat hierzu: »Wenn Homöopathie wirken sollte, so wäre damit folgender Vorgang vergleichbar: einen Tropfen der Essenz in den Ozean zu schütten und auf das Eintreten der Wirkung zu warten.«

In der Tat gibt es bisher noch keine zufriedenstellende Erklärung in der Biophysik über die genaue Art der Wirkung. Fest steht aber, daß homöopathische Mittel wie Bach-Blüten im feinstofflichen Bereich ihre Wirkung erfolgreich entfalten. Geringste Mengen, gezielt eingesetzt, können eine große Wirkung haben. Gerade die sogenannten Hochpotenzen in der Homöopathie und der Bach-Blütentherapie verursachen eine tiefgreifende Wirkung. Wer es nicht glauben will, sollte es ausprobieren.

Herstellung und Aufbewahrung

Die Herstellung der Blütenessenzen kann nach Dr. Bach auf zwei verschiedenen Wegen geschehen: nach der Sonnenscheinmethode und nach der Kochmethode. Abhängig ist die Herstellungsart von der Jahreszeit, in der die Pflanzenblüten aufgeblüht sind.

Sonnenscheinmethode

- Blüten, die im Frühjahr oder Sommer blühen, werden in ihrer vollen Entfaltung früh am Morgen an sonnigen, wolkenlosen Tagen geerntet.
- Da beim Pflücken die Blüten nicht mit der menschlichen Haut in Kontakt kommen sollten, müssen Handschuhe getragen werden.
- Die geernteten Blüten werden in eine dünnwandige Schüssel mit reinem Quellwasser gelegt – direkt auf die Wasseroberfläche.

Die zartrosa gefärbten Blüten der Kirschpflaume, auch Cherry Plum genannt, können Sie schon vor dem Laubausbruch im Februar entdecken.

Diese Methode der Gewinnung von Blütenessenzen wird bei den Indianern schon seit sehr langer Zeit angewendet.

- Die Schüssel muß für drei bis vier Stunden in der vollen Mittagssonne stehen.
- Anschließend werden die Blüten vorsichtig entnommen – wieder dürfen die Blüten nicht mit bloßen Händen berührt werden.
- Das Wasser als Trägersubstanz der Blütenstoffe wird im Verhältnis von eins zu eins mit 40prozentigem Alkohol zur Konservierung versetzt, z. B. mit Cognac oder Weinbrand, und in Flaschen gefüllt. Dies sind die Vorratsflaschen, die sogenannten Stock-Bottles – aber noch nicht die zur Einnahme bestimmten Tropfen!

Blüten für die Sonnenscheinmethode

Die folgenden Blütenessenzen werden gewonnen, indem man die Blütenblätter in reinem Wasser in die Sonne stellt: Agrimony, Centaury, Cerato, Chicory, Clematis, Gentian, Rock Rose, Rock Water, Scleranthus, Vervain, Water Violet, White Chestnut, Wild Oat.

Kochmethode

Als Alternative zur Sonnenscheinmethode wird die Kochmethode bei all den Pflanzen angewendet, die sehr früh im Jahr blühen. Jetzt ist die Kraft der Sonne noch nicht so stark, um das Quellwasser für die Blüten ausreichend erhitzen zu können.

- Die Blüten werden ca. eine halbe Stunde in reinem, sauberem Wasser ausgekocht.
- Das Wasser wird anschließend gefiltert, z. B. durch ein sauberes Tuch oder einen Papierfilter.
- Diese Essenz wird mit 40prozentigem Alkohol im Verhältnis von eins zu eins konserviert und in Vorratsflaschen abgefüllt.

Blüten für die Kochmethode

Diese Blütenessenzen werden mit der Kochmethode gewonnen: Aspen, Beech, Cherry Plum, Gorse, Heather, Holly, Honeysuckle, Hornbeam, Impatiens, Larch, Mimulus, Mustard, Oak, Olive, Pine, Red Chestnut, Star of Bethlehem, Sweet Chestnut, Walnut, Willow.

Die Stock-Bottles

Jede einzelne Blütenessenz wird – mit Alkohol konserviert – in Vorratsflaschen, den sogenannten Stock-Bottles, aufbewahrt. Diese

Bach kontra Hahnemann

- Die Bach-Blüten erinnern in vielem, auch in ihrer Herstellung, an die Homöopathie.
- Der Unterschied zur Homöopathie ist jedoch der Verzicht auf das Potenzieren der Energie im Sinn der »Verschüttelung«. Hahnemann schüttelte seine homöopathischen Mittel nach jeder Stufe der Verdünnung 100mal.
- Dr. Bach vertrat die Meinung, daß sein einfacheres Verfahren genauso wirksam sei, da das Wesen der Pflanzen, sofern sie im richtigen Reifestadium gepflückt sind, in jedem Fall erhalten bleibt.

Bachs Blütenessenzen kaufen Sie in sogenannten Stock-Bottles, den Vorratsflaschen. Für die individuelle Mischung genügen wenige Tropfen.

Lösungen werden – wie die unverdünnten Urtinkturen in der Homöopathie – nicht allein und unverdünnt verwendet. Sie

- Verdünnen nur wenige Tropfen einer oder mehrerer Bach-Blütenessenzen mit reinem Wasser
- Konservieren mit 40prozentigem Alkohol oder Obstessig
- Füllen diese Lösung in eine kleine Flasche ab
- Nehmen davon täglich mehrere Tropfen – je nach Schweregrad der Erkrankung.

Die Haltbarkeit der Blütenessenzen in den Stock-Bottles ist nahezu unbegrenzt. Sollten Sie sich also einen kompletten Kasten mit allen 38 Bach-Blütenessenzen anschaffen, so können Sie sie über Jahre hinweg nutzen. Der Apotheker, der Ihnen individuelle Mischungen nach Rezept zusammenstellt, macht es ebenso.

Bach-Blütensalbe

- Nehmen Sie als Salbengrundlage 30 Milligramm Weizenkeimcreme aus dem Reformhaus.
- Geben Sie fünf Tropfen der jeweiligen Bach-Blüten dazu.
- Achten Sie auf eine rein pflanzliche Zusammensetzung der Salbe, denn nur so gewährleisten Sie eine optimale Aufnahme.

Die so selbsthergestellte Bach-Blütensalbe kann gut bei allen Hauterkrankungen und -verletzungen aufgetragen werden, bis die Beschwerden nachlassen. Sie hilft Erwachsenen, Kindern, Tieren.

Bach-Blüten und ihre Anwendungsmöglichkeiten

Nr.	Blütenessenz	Seelenzustand	Akuter, negativer Zustand	Ausgeglichener, positiver Zustand
1	Agrimony	Übersensibel gegenüber äußeren Einflüssen	Angst und Unsicherheit werden hinter einer Maske der Sorglosigkeit verborgen	Die innere Erstarrung wird gelöst, man kann sich der Umwelt besser mitteilen
2	Aspen	Unbestimmte Ängste	Angst vor unbekannten Situationen; vage Ängste; Angst, daß etwas passiert; Vorahnungen	Ängste werden gelöst, Zuversicht und Selbstvertrauen
3	Beech	Realitätsverlust	Überkritische Haltung, Intoleranz, Arroganz, mangelndes Einfühlungsvermögen	Verständnis für andere Verhaltensmuster, Toleranz, Empfindsamkeit
4	Centaury	Bereitschaft, anderen zu dienen	Gutmütigkeit wird ausgenutzt, nicht nein sagen können, schwacher eigener Wille	Nein und die eigene Meinung sagen können, nach eigenen Richtlinien einer Sache dienen
5	Cerato	Mangelndes Selbstvertrauen	Wenig Vertrauen in die eigene Urteilsfähigkeit, aus Unsicherheit werden andere um Rat gefragt	Man vertraut seiner Intuition, man kann sich gut an Informationen orientieren
6	Cherry Plum	Angst, den Verstand zu verlieren	Unbeherrschte Gefühlsausbrüche; Jähzorn; Gefühlsstau; Angst, innerlich loszulassen	Den Gefühlen Raum zugestehen, Balance zwischen Kontrolle und Loslassen von Gefühlen, Spontaneität

Nr.	Blütenessenz	Seelenzustand	Akuter, negativer Zustand	Ausgeglichener, positiver Zustand
7	Chestnut Bud	Nicht aus Fehlern gelernt	Es wird nicht aus Erfahrungen gelernt, die gleichen Fehler wiederholen sich ständig	Fehler werden als solche erkannt, die Konsequenz daraus wird ins Verhalten integriert, Aufmerksamkeit für bestimmte Verhaltensmuster
8	Chicory	Ständige Einmischung	Besitzergreifende Persönlichkeit, übermäßige Einmischung und Manipulation, fordernde Haltung	Man kann mit echter Liebe geben, ohne Gegenleistung zu erwarten; man kann Sicherheit und Geborgenheit geben
9	Clematis	Tagträumer	Statt Lösungen zu suchen, gedankenverloren in Tagträume flüchten	Fähigkeit, Probleme in der Gegenwart zu lösen; Kreativität wird körperlich umgesetzt
10	Crab Apple	Gefühl der Unreinheit	Man fühlt sich äußerlich und auch innerlich beschmutzt; man hat Schwierigkeiten, Prioritäten zu setzen	Gefühl für die richtige Relation, gesundes Verhältnis zu Sauberkeit und Ordnung
11	Elm	Übersteigerter Idealismus	Vorübergehender Erschöpfungszustand, überfordert	Zuversicht und innere Sicherheit, die Aufgaben bewältigen zu können, wachsen
12	Gentian	Schnelle Entmutigung	Durch pessimistische Einstellung leicht entmutigt, vorübergehende depressive Verstimmung	Die Fähigkeit, mit Konflikten zu leben, nimmt zu; positivere Denkweise

Nr.	Blütenessenz	Seelenzustand	Akuter, negativer Zustand	Ausgeglichener, positiver Zustand
13	Gorse	Hoffnungslosigkeit	Gefühl der Sinnlosigkeit, man fühlt sich hoffnungslos und verzweifelt, verhält sich passiv	Eine positivere Einstellung zu der scheinbar hoffnungslosen Lage; mehr Kraft entsteht, um die Dinge anzugehen
14	Heather	Nicht allein sein können	Sich ständig in Szene setzen, man benötigt immer Publikum, auf sich bezogen	Einfühlungsvermögen, guter Zuhörer, Verständnis und Interesse für andere
15	Holly	Negative Gedanken	Unbeherrscht; Gefühle von Neid, Haß und Eifersucht	Negative Gefühle werden erkannt und losgelassen
16	Honeysuckle	In der Vergangenheit leben	Man lebt in der Vergangenheit, verliert den Bezug zur Gegenwart	Neue Entwicklungen werden akzeptiert, Vergangenes wird losgelassen
17	Hornbeam	Selbstzweifel	Man fühlt sich von den täglichen Aufgaben überfordert, kraftlos und müde	Lähmende Trägheit und geistige Erschöpfung werden überwunden
18	Impatiens	Ungeduld	Ungeduld mit sich und anderen; deshalb leicht gereizt, hektisch, angespannt	Mehr Geduld, Verständnis für andere, geringere innere Unruhe
19	Larch	Erwartung von Fehlschlägen	Aufgrund von mangelndem Selbstvertrauen erwartet man grundsätzlich Fehlschläge	Man läßt sich durch Fehlschläge nicht entmutigen, realistisches Selbstvertrauen, Selbstwertgefühl

Nr.	Blütenessenz	Seelenzustand	Akuter, negativer Zustand	Ausgeglichener, positiver Zustand
20	Mimulus	Konkrete Ängste	Ständige Furcht vor bestimmten Dingen und Situationen, sehr sensibel	Man kann mit Gelassenheit die Herausforderungen annehmen
21	Mustard	Schwermut und Verzweiflung	Plötzliches Gefühl von Schwermut und Traurigkeit, ohne zu wissen, warum	Innere Stabilität, Lebensenergie
22	Oak	Gegen große Schwierigkeiten ankämpfen	Trotz Entmutigung und Erschöpfung wird unter innerem Zwang weitergekämpft	Die eigenen Grenzen werden akzeptiert, sinnvolles und maßvolles Durchhalten
23	Olive	Kraftlosigkeit und Erschöpfung	Sich ausgelaugt fühlen, geistige und körperliche Erschöpfung, an nichts mehr Freude empfinden	Bei großen Belastungen wird darauf geachtet, sich nicht ständig zu überfordern; Vitalität
24	Pine	Schwaches Selbstvertrauen	Man fühlt sich für alles verantwortlich, Selbstvorwürfe und Schuldgefühle	Man übernimmt sinnvoll die Verantwortung für andere, man kann sich selbst vergeben
25	Red Chestnut	Angst um andere	Übertriebene Angst um andere, man engt sie so zu sehr ein	Man erkennt versteckte, eigene Ängste und verarbeitet sie; Fürsorge statt Einengung
26	Rock Rose	Akute Angst	Man gerät leicht in Panik, in schockartige Angstzustände	Standfestigkeit in Ausnahmezuständen, gelassenere Reaktion

Nr.	Blütenessenz	Seelenzustand	Akuter, negativer Zustand	Ausgeglichener, positiver Zustand
27	Rock Water	Krankhafte Selbstdisziplin	Zuviel von sich selbst fordern, ohne auf eigene Bedürfnisse zu achten; starr und selbstgerecht	Idealistisch ohne Perfektionsstreben, Nachsicht mit sich selbst
28	Scleranthus	Mangelnde Entscheidungsfähigkeit	Sich innerlich und gedanklich hin und her gerissen fühlen, wankelmütig	Stabiles inneres Gleichgewicht, entschlossen, vielseitig, flexibel
29	Star of Bethlehem	Schockzustände	Physische und psychische Schockzustände wie z. B. nach Unfällen, Todesfällen, Trennungen, großen Streitigkeiten	Der psychische Schmerz wird verarbeitet; Wut, Haß, Verzweiflung weichen neuer Lebensenergie; Vergebung
30	Sweet Chestnut	Die Grenze des Erträglichen ist erreicht	Man fühlt sich vollkommen verzweifelt und hoffnungslos, der psychische Schmerz erscheint unerträglich	Mut und Kraft setzen sich durch, Wege aus bedrückenden Situationen werden gefunden
31	Vervain	Starre Prinzipien	Verausgabung über die Belastungsgrenze hinaus, intolerant, Begeisterungsfähigkeit bis zum Fanatismus	Die Kräfte werden nur bis zur Leistungsgrenze eingesetzt, entspannte zwischenmenschliche Kontakte
32	Vine	Schulmeisterhaftes Verhalten	Selbstbewußtsein bis zur Selbstgerechtigkeit, dominant, tyrannisch	Starke Führungspersönlichkeit; den anderen wird geholfen, den eigenen Weg zu finden

Nr.	Blütenessenz	Seelenzustand	Akuter, negativer Zustand	Ausgeglichener, positiver Zustand
33	Walnut	Beeinflussung	Vorübergehende Verunsicherung und Beeinflußbarkeit während einer Umbruchsphase	Stabile innere Sicherheit, das Richtige zu tun; geplante Entscheidungen werden verwirklicht
34	Water Violet	Stille Menschen	Innerliche und äußerliche Reserviertheit, Unnahbarkeit, Distanziertheit	Unabhängig, selbstsicher und fähig, innere Ruhe, gelöste Erstarrung
35	White Chestnut	Quälende Gedanken	Probleme und ungelöste Konflikte kreisen ständig im Kopf, unkonzentriert und fahrig	Gedankliche Ruhe und Klarheit, rationale Lösungen der Probleme werden erarbeitet
36	Wild Oat	Mangelnde Entscheidungsfähigkeit	Unschlüssigkeit und daraus resultierende Unzufriedenheit, unbestimmte Neigungen und Ambitionen	Erkennen des eigenen Potentials; nicht das Besondere, sondern das Richtige tun
37	Wild Rose	Gleichgültigkeit und Passivität	Resignation und tiefe Traurigkeit, teilnahmslos, depressiv, passiv	Mut und Kraft, sich Herausforderungen zu stellen
38	Willow	Verbitterung	Man fühlt sich als Opfer des Schicksals, Verbitterung, innere Wut	Die Eigenverantwortlichkeit wird anerkannt, positive Gedanken

BEHANDLUNG MIT BACH-BLÜTEN

Die Wirkung der Blütenessenzen ist individuell verschieden und hängt stark von der Dauer der Beschwerden und dem negativen psychischen Zustand ab. Dementsprechend unterschiedlich sind die jeweilige Behandlungsdauer, die erforderliche Menge der Tropfen und der Beginn ihrer Wirkung.

Die Bach-Blütenanamnese

Der Beginn jeder Bach-Blütentherapie sollte ein ausführliches Gespräch mit einem erfahrenen Therapeuten sein, in dem es um die Anamnese, die Vorgeschichte der akuten Erkrankung, geht.

Die Patienten erzählen von ihrer Lebenssituation, berichten über bereits erlebte Krankheiten, private und berufliche Konfliktsituationen; und der Therapeut macht sich Notizen, die ihm später bei der Suche nach den geeigneten Bach-Blüten helfen.

Der Beginn einer Bach-Blütentherapie ist das intensive Gespräch zwischen Patient und Therapeut: Welche Krankheiten hat der Patient schon erlebt, wie lebt er zur Zeit, was nimmt er ein?

Auf der Suche nach den richtigen Bach-Blüten

- Manche Therapeuten lassen einen umfangreichen Fragebogen ausfüllen, der die momentane Situation, die Vergangenheit und Zukunft des Patienten abfragt.

- Zusätzlich kann zur genaueren Bestimmung des Charakters eine Biofunktionsdiagnostik eingesetzt werden, wobei die Energie an den Akupunkturpunkten getestet wird.

- Manche Therapeuten benutzen Tarotkarten oder die Bach-Blütenkarten. Das sind 38 Karten mit jeweils einer abgebildeten Bach-Blüte. Die Rückseiten sind farbig, und sie werden dem Patienten gezeigt. Er wählt intuitiv ihn farblich ansprechende Karten aus, und der Therapeut prüft, ob die so ausgewählten Bach-Blüten zum derzeitigen Zustand des Betreffenden passen. Erstaunlich oft sind zumindest ein oder zwei scheinbar zufällig ausgewählte Blüten geeignet.

- Ebenso ist es möglich, dem Patienten den gesamten Kasten mit den 38 Stock-Bottles zu zeigen und ihn spontan vier Flaschen auswählen zu lassen.

Selbstverständlich wird der Therapeut die Wahl der Blüten nicht allein von solchen Zufällen abhängig machen, doch oft fühlen sich Erkrankte genau von den Mitteln angezogen, die ihnen gerade helfen können.

Der aktuelle Zustand wird behandelt

Nach der Anamnese stellt der Therapeut eine Bach-Blütenmischung zusammen, die für den akuten Gemütszustand des Patienten geeignet ist.

Sie ist etwa drei Wochen einzunehmen; danach muß ein erneutes Gespräch klären, ob sich die Situation des Betreffenden bereits etwas gebessert hat. Meist wird nun die Blütenmischung erweitert oder variiert.

Die Wirkung der Bach-Blüten

- Eine Verbesserung des Befindens setzt nicht unmittelbar nach der ersten Einnahme ein. Man rechnet mit einem Zeitraum von drei bis sieben Tagen.
- Es ist möglich, daß sich am Anfang der Behandlung kurzfristig die Symptome verstärken. Dies sollte aber auf keinen Fall zum Abbruch der Behandlung führen.
- Häufig werden sehr intensive Träume erlebt.

Die Knospen der Roßkastanie, auf englisch Chestnut Bud, werden zur Herstellung der siebten Blütenessenz nach Dr. Bach genutzt.

- Manche verspüren ständige Müdigkeit und den starken Wunsch, sich zurückzuziehen; sie wollen allein sein.

Dies sind mögliche Reaktionen, wenn Sie mit einer Bach-Blütentherapie beginnen. In vielen Fällen kommt es jedoch sehr schnell zu einer positiveren und energiegeladenen Stimmung. Bei akuten Beschwerden, besonders nach der Einnahme von Rescue-Remedy-Notfalltropfen, tritt innerhalb von wenigen Stunden eine Besserung ein.

Anwendungsdauer

Bei akuten Beschwerden nehmen Sie die Bach-Blüten drei bis sechs Wochen, d.h. maximal so lange, bis das 30-Milliliter-Pipettenfläschchen aufgebraucht ist.
Auch eine langfristige Einnahme ist möglich, jedoch sollte der aktuelle Gemütszustand regelmäßig von einem Therapeuten überprüft und die Mischung eventuell dem veränderten Seelenzustand angepaßt werden.

Selbstverständlich habe ich in der Praxis alle 38 Stock-Bottles sowie die Rescue-Remedy-Tropfen und gebe sie, von Fall zu Fall, Patienten zur sofortigen Einnahme.

Besserung dank Bach-Blüten

Eine Besserung des Befindens, ob nun im akuten Fall oder bei lang anhaltenden Störungen, kann folgendermaßen aussehen:

- Disharmonische Gemütszustände wie Mutlosigkeit, Depression, Angst, Verzweiflung und Verbitterung werden überwunden.
- Dadurch kann eine veränderte, nun positive Einstellung zum Leben wiedergewonnen werden.
- Gute Ergebnisse erzielt man mit der Bach-Blütentherapie auch bei chronischen Erkrankungen und den damit verbundenen negativen psychischen Zuständen.

Sich selbst ändern mit Bach-Blüten

Die Bach-Blütentherapie leistet Ihnen auch sehr gute Dienste bei Ihrer persönlichen Entfaltung und Weiterentwicklung. Charakterschwächen und unangenehme Eigenarten wie Neid, Putzsucht, Schulmeisterei, Einmischung, Stolz, Minderwertigkeitsgefühle und Aggressionen können kompensiert werden und Sie zu mehr Menschlichkeit, Offenheit, Toleranz und Zufriedenheit führen.

Krankheiten über die Psyche heilen

Mit der Bach-Blütentherapie ist es nicht möglich, körperliche Krankheiten direkt zu heilen, aber das daraus resultierende negative psychische Befinden und den Gemütszustand, der die Erkrankung verursacht hat, können Sie sehr wohl mit den Bach-Blüten positiv beeinflussen.
Sie werden sich bei einer Behandlung allgemein besser fühlen und verändern so auch Ihre Krankheit. Denken Sie bitte dabei stets an die Wechselbeziehung zwischen Krankheit und Psyche.

Dosierung

Ich verordne nur die originalen Bach-Blüten, und die Patienten holen sich ihre fertige Mischung in der Apotheke.

Sofern Ihr Therapeut Ihnen keine spezielle Dosierung verordnet hat, gilt folgende Dosierung:

- Nehmen Sie von Ihrer Mischung bitte viermal täglich jeweils vier Tropfen.
- Dr. Bach empfahl, diese Tropfen morgens, mittags, nachmittags und abends vor dem Essen einzunehmen.
- Bei akutem Bedarf können Sie diese Dosis jedoch bedenkenlos erhöhen.
- Bei der Behandlung von akuten Beschwerden können Sie in einem Abstand von jeweils 20 Minuten vier Tropfen zu sich nehmen.
- Geben Sie die Tropfen unter oder auf die Zunge; behalten Sie sie einen Augenblick im Mund, zur vollen Entfaltung der Wirkung.

Bach-Blüten kaufen

Hier können Sie die Stock-Bottles mit den Bach-Blütenessenzen kaufen bzw. bestellen:

- In Apotheken seit Januar 1995 ohne ärztliches Rezept (in Deutschland variiert der Preis in Apotheken)
- Im Dr. Edward Bach Centre, German Office, Lippmannstraße 57, D-22769 Hamburg
- Im Dr. Bach Centre, Mount Vernon, Sotwell, Wallingford, Oxon, OX10 OPZ England
- In Drogerien in England und der Schweiz

Mit den Stock-Bottles haben Sie die Möglichkeit, sich je nach Ihrem aktuellen Gesundheitszustand eine Bach-Blütenmischung selbst zusammenzustellen. Lassen Sie sich aber gerade am Anfang einer Behandlung mit Bach-Blüten von einem Fachmann beraten.
Wenn Sie sich bei einem Arzt oder Heilpraktiker eine individuelle Mischung verordnen lassen, erhalten Sie ein entsprechendes Rezept, und der Apotheker wird Ihnen die Mischung zusammenstellen.

Vorsicht vor Variationen!

Seit die Bach-Blüten immer bekannter werden und der Kreis ihrer Anhänger größer wird, existieren Variationen unter ähnlichem Namen auf dem Markt, deren Qualität aber nicht immer mit den originalen Bach-Blüten identisch ist. Achten Sie beim Einkauf daher auf den Namen »Dr.-Bach-Blüten«, und kaufen Sie keine Stock-Bottles »nach Bach«, wie sie aus Kalifornien und auch von einigen deutschen Herstellern angeboten werden.

Nebenwirkungen

Negative Nebenwirkungen sind aufgrund der speziellen Wirkungsweise der Blütenessenzen nicht möglich. Lediglich bei manchen Patienten muß mit einer Erstverschlechterung der Symptome in den ersten Tagen der Einnahme gerechnet werden, die jedoch schnell abklingt. Sollte das bei Ihnen der Fall sein, so brechen Sie deshalb die Behandlung bitte nicht ab!
Mögliche Folgen einer Bach-Blütenbehandlung sind intensive Träume, Müdigkeit und das Bedürfnis, allein zu sein. Doch diese Anzeichen einer Wirkung weichen einem energiegeladeneren Lebensgefühl.

Es gibt Patienten, die ihre individuelle Bach-Blütenmischung selbst zu Hause zusammenstellen und sich bei der Auswahl noch einmal bei mir rückversichern möchten.

Gute Erfolge erzielen Sie mit Bach-Blüten als zusätzlicher Behandlung neben einer schulmedizinischen Therapie oder anderen Naturheilverfahren.
Auch eine Überdosierung brauchen Sie nicht zu befürchten; es kann Ihrer Gesundheit nicht schaden, wenn Sie zuviel einnehmen.

Dr. Bach wollte, daß jeder Laie seine Blütenessenzen selbst anwenden kann – ohne einen Arzt oder Heilpraktiker. Lernen Sie die Bach-Blüten kennen, und vertrauen Sie ihnen.

Bach-Blüten richtig anwenden

Bach-Blütenmischung	Je 3 Tropfen von 3 bis 5 einzelnen Bach-Blütenessenzen aus den Stock-Bottles, 22 Milliliter reines Wasser, 7 Milliliter 40prozentiger Alkohol
Aufbewahrung	30-Milliliter-Pipettenfläschchen
Dosierung	4mal täglich 4 Tropfen
Beginn der Wirkung	Nach 3 bis 7 Tagen
Behandlungsdauer	3 bis 6 Wochen
Nebenwirkungen	Erstverschlechterung, intensive Träume, Müdigkeit, Bedürfnis nach Alleinsein
Notfalltropfen	Besserung nach wenigen Stunden
Weitere Anwendungsformen	Umschläge: Zusätzlich zur inneren Anwendung bei Hautausschlägen. Man gibt 10 bis 12 Tropfen Blütenessenz auf 1 Liter Wasser. Bäder: Bei Erschöpfung gibt man 5 Tropfen der Blütenessenz (z. B. Hornbeam) in ein Vollbad.

So finden Sie Ihre Bach-Blütenmischung

Es gibt für Sie zwei Möglichkeiten bei der Anwendung der Bach-Blüten. Eine profunde Methode ist die Behandlung von einem erfahrenen Bach-Blütentherapeuten. Dieser führt zuerst eine gründliche Anamnese (Seite 41 f.) durch und wird Ihnen dann die entsprechenden Bach-Blüten verordnen. Wahrscheinlich wird Ihnen eine Mischung von drei bis fünf verschiedenen Bach-Blüten verschrei-

ben. Diese können Sie dann nach einem Rezept in Ihrer Apotheke mischen lassen.
Eine zweite Möglichkeit sind die Selbstbehandlung und das eigene Zusammenstellen einer individuellen Bach-Blütenmischung.

Bach-Blüten selbst mischen

Wenn Sie Ihre Essenzen selbst mischen möchten, so benötigen Sie:

1. Die Vorratsflaschen, Stock-Bottles, der ausgewählten Blütenessenzen
2. Ein 30-Milliliter-Pipettenfläschchen (in der Apotheke erhältlich)
3. Frisches Wasser ohne Kohlensäure
4. Zum Konservieren 40prozentigen Alkohol, z.B. 40prozentigen Korn, Obstler, Wodka, Brandy, Cognac oder 40prozentigen Alkohol aus der Apotheke (für Kinder, Tiere und Menschen, denen Alkohol nicht zuträglich ist, wird zur Konservierung Obstessig empfohlen)

Für 30 Milliliter Bach-Blütenlösung geben Sie je Blütenessenz drei Tropfen von den Vorratsflaschen in das Pipettenfläschchen; sollten Sie z.B. vier verschiedene Essenzen mischen wollen, dann sind es

Pflücken Sie die leuchtendblauen, sternenförmigen Blüten der Chicory, der bei uns als Wegwarte bekannten Blume, nicht. Sie verwelken sofort.

insgesamt zwölf Tropfen. Dann füllen Sie drei Viertel des Fläschchens mit Wasser und ein Viertel mit 40prozentigem Alkohol auf. Damit ist Ihre individuelle Bach-Blütenmischung fertig. Sie ist ca. vier Wochen haltbar und sollte in dieser Zeit aufgebraucht werden.

Bei den Stock-Bottles brauchen Sie sich keine Gedanken bezüglich der Haltbarkeit zu machen, denn sie sind aufgrund ihrer Herstellung sehr gut konserviert.

Drei Wege zu Ihrer Bach-Blütenmischung

- Rezept eines Heilpraktikers – Apotheke – Zusammenstellung der individuellen Mischung durch den Apotheker
- Stock-Bottles kaufen – Information über sinnvolle Blüten durch den Heilpraktiker und/oder Eigeninformation hier im Buch – selbst die Mischung ansetzen
- Bach-Blüten selbst sammeln – mit Koch- oder Sonnenscheinmethode Bach-Blütenessenzen gewinnen – selbst Stock-Bottles als Vorrat anlegen – individuelle Mischung zusammenstellen

Die individuelle Bach-Blütenmischung

Um wirklich die richtige Kombination der Blütenessenzen für Sie persönlich zu finden, ist eine genaue Analyse Ihres momentanen psychischen Zustands unumgänglich. Sie läßt sich anhand des folgenden 10-Punkte-Systems durchführen.

1. Schritt

Schreiben Sie Ihre Geschichte! Formulieren Sie in einfachen Worten und kurzen Sätzen, was Sie gerade bedrückt und wie Sie sich fühlen. Im folgenden ein Beispiel, wie Sie Ihre Geschichte formulieren könnten:

»Ich fühle mich in letzter Zeit unzufrieden und niedergeschlagen. Im Beruf kann ich mich nicht selbst verwirklichen. Ich habe in meiner Abteilung zwar eine relativ sichere Position, aber die mir zugeteilten Aufgaben unterfordern mich. Jeden Tag der gleiche Trott, obwohl es mir dabei finanziell gutgeht. Ein Abteilungsleiter hat mir den Wechsel in eine andere Abteilung vorgeschlagen. Ich bin mir aber nicht sicher, ob ich das tun soll.

Privat schleppt sich mein Leben ohne jegliche Höhepunkte dahin.

Mein Partner, mit dem ich fünf Jahren zusammenlebe, hält mich auf Distanz. Heirat kommt für ihn nicht in Frage. Er ist nicht bereit, Verantwortung zu tragen. Für mich ist diese Beziehung langweilig. Außerdem fehlt jegliche Zukunftsperspektive. Die Beziehung zu beenden – dazu bin ich zu feige. Ich habe Angst, allein zu sein. Wer weiß, es kommt vielleicht nichts Besseres nach. Ich träume vom Mann meines Lebens, von tiefer Liebe und einem gemeinsamen Ziel, für das ich mich einsetzen könnte. Weil mir diese Probleme und Gedanken ständig durch den Kopf gehen, bin ich oft schlecht gelaunt, traurig, frustriert.«

2. Schritt

Stellen Sie sich nun folgende sieben Fragen, und beantworten Sie sie entweder auf einem separaten Blatt Papier, oder nehmen Sie einen farbigen Marker, und unterstreichen Sie die entsprechenden Passagen in Ihrem Text.

Stellen Sie sich sich selbst Fragen: Haben Sie Zweifel, Angst? Sind Sie mutlos? Ehrlichkeit vor sich selbst ist der erste Schritt in Richtung auf eine neue, bessere Zukunft.

1. Frage: Wovor habe ich Angst?
2. Frage: Warum bin ich unsicher?
3. Frage: Warum habe ich kein Interesse an der Gegenwart?
4. Frage: Warum fühle ich mich einsam?
5. Frage: Welche äußeren Einflüsse stören mich?
6. Frage: Warum fehlt mir der Mut?
7. Frage: Um wen sorge ich mich zu sehr?

3. Schritt

Erstellen Sie nun aufgrund Ihrer Geschichte und der sieben Antworten eine Liste Ihres momentanen Ist-Zustands.
Der Ist-Zustand der Psyche sähe nach dem Beispieltext so aus:

- Ich bin unzufrieden.
- Ich bin niedergeschlagen.
- Ich habe mich noch nicht selbst verwirklicht.
- Ich kann mich nicht entscheiden.
- Ich fühle mich gelangweilt.
- Ich habe Angst vor einer ungewissen Zukunft.
- Ich bin traurig und schlecht gelaunt.
- Ich sehne mich nach wahrer Liebe.
- Ich grüble ständig.

4. Schritt

Um nun auf einfache Weise die ideale Mischung für Ihre Problematik zu finden, nehmen Sie bitte aus Ihrer Ist-Liste die für Sie im Moment vier wichtigsten und dringlichsten Punkte heraus. Setzen Sie Prioritäten, d.h., entscheiden Sie, welche die vier Hauptprobleme in Ihrem augenblicklichen Leben sind. Vier Blütenessenzen stellen eine optimale Mischung dar, Sie können aber, wenn Sie es für erforderlich halten, noch eine fünfte dazugeben.

5. Schritt

Vergleichen Sie nun Ihre vier oder fünf ausgewählten Sätze mit der Beschreibung der sieben Gemütszustände (Seite 60ff.); auf diese Weise kommen Sie zu den für Sie passenden Bach-Blüten.
Ein Beispiel: »Ich habe Angst vor der Zukunft.« Der Satz enthält den psychischen Zustand »Angst«. Beim Komplex »Angst« auf Seite 64 sehen Sie eine Aufteilung in verschiedene Ängste. Angst vor der Zukunft ist eine bestimmte Angst; und ihr ist das Mittel Mimulus, die Gefleckte Gauklerblume, zugeordnet. So verfahren Sie mit allen von Ihnen ausgewählten Fragen und notieren sich dann Ihre einzelnen Bach-Blüten.

Die Clematis ist eine Kletterpflanze. Die hübschen weißen Blüten finden Sie in den Sommermonaten ab Juli.

In zehn Schritten zum Erfolg

1. Schritt:	Schreiben Sie auf, wie Sie sich im Moment fühlen.
2. Schritt:	Stellen Sie sich die sieben Fragen.
3. Schritt:	Legen Sie eine Liste Ihres Ist-Zustands an.
4. Schritt:	Setzen Sie Prioritäten.
5. Schritt:	Finden Sie die für Sie passenden Blütenessenzen mit Hilfe der sieben Gruppen möglicher Gemütszustände.
6. Schritt:	Legen Sie eine Soll-Liste an.
7. Schritt:	Stellen Sie sich Ihre individuelle Mischung zusammen.
8. Schritt:	Führen Sie Buch über die Einnahme.
9. Schritt:	Kontrollieren Sie Ihren Erfolg.
10. Schritt:	Belohnen Sie sich!

Planen Sie die einzelnen Schritte zum Erfolg. Machen Sie sich Ihre derzeitige Lebenssituation ehrlich bewußt, und überlegen Sie in Ruhe, wie die Zukunft aussehen soll.

6. Schritt

Legen Sie eine Soll-Liste an. Da die Einnahme von Blütenessenzen oft zu erstaunlichen Erfolgen führt – nämlich zu einer positiven Veränderung des Seelenzustands –, gibt es für Sie noch eine zusätzliche Möglichkeit, die Wirkung der Bach-Blüten zu intensivieren.
Nehmen Sie dazu nochmals Ihre Liste mit dem Ist-Zustand, und schreiben Sie nun neben jeden Satz den gewünschten Soll-Zustand. Wünsche können Wirklichkeit werden, wenn Sie Ihr Unterbewußtsein entsprechend programmieren. Menschen, die Negatives denken, wie z. B. »Das schaffe ich nie« oder »Es wird wieder schiefgehen«, werden das Negative in ihr Leben ziehen. Sie haben ihr Unterbewußtsein auf Negatives programmiert, und das Erwartete tritt ein. Sich selbst erfüllende Prophezeiung nennt man dies.

Natürlich funktioniert das auch im positiven Sinn. Wenn Sie positiv denken und überzeugt von Ihren Gedanken sind, werden sie auch Wirklichkeit. Wenn Sie sich z. B. selbst für gesund und selbstbewußt halten, dann strahlen Sie diesen Eindruck automatisch auf Ihre Umwelt aus. Deshalb gilt es, eine Kleinigkeit zu beachten: Formulieren Sie Ihre Wünsche und Ihren angestrebten Soll-Zustand immer nur positiv und schriftlich, um sie sich tiefer einzuprägen. Außerdem reagiert das Gehirn direkt auf Formulierungen, das bedeutet: Wenn Sie z. B. schreiben: »Ich werde selbstbewußt«, dann nimmt Ihr Unterbewußtsein Sie ernst, d. h., Sie *werden* erst selbstbewußt, Sie *sind* es aber nie. Also formulieren Sie: »Ich bin selbstbewußt.«

Akut erkrankt, schon lange mitgenommen? Dr. Edward Bachs Blütenessenzen in der richtigen Mischung helfen bei körperlichen und psychischen Erkrankungen.

Ihre Ist-/Soll-Liste wird dann vielleicht folgendermaßen aussehen:

- Ich habe Angst vor der Zukunft. – Ich habe positive Zukunftsperspektiven.
- Ich kann mich nicht entscheiden. – Ich weiß genau, was ich will.
- Ich sehne mich nach wahrer Liebe. – Ich werde geliebt.

Krankheitsstadien nach Dr. Bach

- Kurzfristige und leichte Krankheiten werden wie lang andauernde, bedrohliche geheilt: Die psychische Situation des Patienten verweist auf das geeignete Mittel der Bach-Blütentherapie.
- Die Besserung der psychischen Beschwerden wie Angst, Depressionen etc. bedingt gleichzeitig eine Heilung der akuten Krankheit.
- Patienten mit häufigen Kopfschmerzen, stets wiederkehrenden Erkältungen, Rheumaanfällen, Asthma, Verdauungsproblemen oder Schlaflosigkeit können mit einem Blick auf die begleitenden Stimmungen geheilt werden. Die Blütenessenzen bessern die psychische Grundsituation, und die körperliche Störung vergeht.
- Leiden körperlich völlig Gesunde an Angst, Belastungen, Erschöpfung, Ruhelosigkeit oder anderen negativen und lähmenden Gemütszuständen, dann können die passenden Bach-Blüten diese Einschränkung der Lebensqualität beseitigen und so die langfristige Gesundheit fördern.
- Stets ist nicht die akute oder chronische Krankheit, sondern der Patient als ein Ganzes zu behandeln. Heilen Sie negative Stimmungen, den Lebensgenuß behindernde Charaktereigenschaften, und Sie werden gesund werden.

7. Schritt

Ihre individuelle Mischung aus Blütenessenzen wird bei dem angeführten Beispiel folgendermaßen zusammengesetzt sein:

- Mimulus für bestimmte Ängste.
- Cerato gegen mangelndes Selbstvertrauen.
- White Chestnut wegen der quälenden Gedanken.
- Heather als Mittel gegen die Angst vor Einsamkeit.

8. Schritt

Man hat meistens viele gute Vorsätze, sein Verhalten zu ändern, aber im Alltag kommt man oft davon ab. Deshalb ein kleiner Tip: Führen Sie Buch über die Anwendung Ihrer Blütenessenzen, und erziehen Sie sich damit zur Selbstdisziplin. Notieren Sie das Datum der Einnahme, die Art der Beschwerden, die ausgewählte Essenzmischung, Ihre Dosierung und auch die Wirkung.

9. Schritt

Schreiben Sie täglich Ihre Erfahrungen und Empfindungen auf. So haben Sie eine Kontrolle über den Erfolg der Behandlung. Dadurch ist es Ihnen auch jederzeit möglich, die Einnahme zu steuern und bei einer Änderung Ihres Befindens die Mischung zu ändern oder zu ergänzen. Denken Sie dabei immer daran, nicht mehr als fünf verschiedene Blütenessenzen zu mischen.

Sollten Sie dennoch auf längere Sicht mit der Behandlung nicht zufrieden sein, dann wenden Sie sich an einen erfahrenen Bach-Blütentherapeuten.

Formulieren Sie nicht allein Ihr Ziel, kontrollieren Sie sich auch selbst auf dem Weg dorthin! Schreiben Sie täglich Ihre Empfindungen auf.

10. Schritt

Wenn sich der gewünschte Erfolg einstellt – er wird in kleinen Etappen zu merken sein –, dann sollten Sie sich für jedes erreichte Ziel belohnen. Verwöhnen Sie sich selbst, etwa mit einem lang erwünschten Theater- oder Opernbesuch, einer seit längerem angestrebten Kurzreise, einem Buch usw. Oder führen Sie ein längst fälliges Telefongespräch, schreiben Sie einen aufgeschobenen Brief. So schaffen Sie sich selbst sichtbare und spürbare Erfolgserlebnisse. Sie werden erleben, daß diese positiven Erfahrungen Sie darin unterstützen, mit der Bach-Blütentherapie fortzufahren und sie durchzuhalten.

Entwicklung einer Erkrankung nach Dr. Edward Bach

Gesunde Organe

↓

Gestörtes psychisches Gleichgewicht aufgrund äußerer oder persönlicher Veränderungen

↓

Krankheitsanfälligkeit

↓

Akute Erkrankung – organisch oder psychisch – mit individueller psychischer Reaktion

Heilung nach Dr. Edward Bach

Suche nach der passenden Blütenessenz für die psychische Störung, die die Krankheitsanfälligkeit bedingte sowie die psychischen Reaktionen des Erkrankten.

Behandlung von Kindern

Gerade bei kleinen Kindern sind die Beschwerden oft nicht so schwerwiegend, um sofort einen Arzt konsultieren zu müssen. Versuchen Sie daher Bach-Blüten.

Die Bach-Blütentherapie hat sich als schnelle und wirksame Hilfe bei Kindern bewährt. Einen großen Vorteil bieten Ihnen die natürlichen und nebenwirkungsfreien Bach-Blüten gegenüber den chemischen Medikamenten, die den kleinen Körper oft allzusehr belasten.

Die Ursache ihres Unwohlseins liegt meist in Ängsten, die die Kinder noch nicht artikulieren können. Doch zeigen können selbst Babys ihre Gefühle bereits auf sehr vielfältige Art und Weise. Sie brauchen nur das Kind genau zu beobachten, um seine jeweilige Stimmung zu erfassen. Sie bemerken, wann das Kind glücklich und ausgeglichen ist, aber auch, wann es ängstlich und nervös reagiert.

Dosierung bei Kindern

- Geben Sie Kleinkindern viermal täglich vier Tropfen der Bach-Blütenmischung in das Fläschchen mit Tee oder Milch.
- Stillende Mütter nehmen die Tropfen selbst ein.

- Die Mischung sollte für das Baby sowie für die Mutter selbstverständlich ohne Alkohol zubereitet sein. Zur Konservierung der Lösung empfiehlt sich Obstessig.

Da Kinder oftmals wesentlich schneller auf die Bach-Blüten reagieren, sollte die Einnahme der individuellen Blütenmischung nicht über einen langen Zeitraum erfolgen. Sobald Sie eine Besserung des Zustands bemerken, lassen Sie die Einnahme langsam ausklingen. Ebenso empfiehlt es sich, nicht mehr als drei verschiedene Blütenessenzen für Kinder zu mischen.

Behandlung von Tieren

Es klingt unglaublich, ist aber wahr: Bach-Blüten wirken sogar bei Tieren, denn nicht umsonst verwenden immer mehr Tierärzte die Bach-Blütentherapie zur zusätzlichen Unterstützung in ihrer Praxis. Die Bach-Blüten schlagen bei Tieren sehr gut an, und sie benötigen deshalb eine kürzere Therapiezeit.

Beispiele aus der Tierarztpraxis finden Sie ab Seite 180. Sie zeigen Ihnen, daß auch Ihrem Tier Bach-Blüten helfen können.

- Man rechnet mit einer Besserung innerhalb von zwei Tagen bis zwei Wochen.
- Die Diagnostik bei Tieren wird wie bei Menschen durchgeführt. Sie beobachten die Reaktionen und Verhaltensweisen des Tiers und können so entsprechende Schlüsse auf die erforderlichen Bach-Blüten ziehen. Bei Tieren, die Sie sehr gut kennen, fällt eine genaue Diagnose natürlich leichter. Sie können die unterschiedlichen momentanen psychischen Empfindungen genau feststellen – also z.B., ob ein Tier traurig ist, Angst hat, Aufmerksamkeit braucht, beleidigt ist oder Schmerzen empfindet.

Dosierung bei Tieren

- Je nach Intensität der Beschwerden geben Sie ein- bis zweimal täglich vier Tropfen der erforderlichen Mischung.
- Sie können, wenn möglich, die Tropfen direkt mit einer Pipette oder Plastikspritze ohne Nadel in das Maul oder den Schnabel einführen.
- Falls das Tier die Tropfen verweigert, mischen Sie sie unter das Futter, oder geben Sie sie in das Trinkwasser.

Abhängig, ängstlich, antriebslos – oder aber aggressiv und arrogant? Gegen jede Untugend ist ein Kraut gewachsen!

Bach-Blüten heilen negative Empfindungen

Empfindungen	Blütenessenz mit Kennziffer
Abhängigkeit	Cherry Plum 6
Angepaßtheit	Cerato 5
Angst	
akute Ängste	Rock Rose 26
vage Ängste	Aspen 2
bestimmte Ängste	Mimulus 20
zuviel Angst um andere	Red Chestnut 25
Angst, den Verstand zu verlieren	Cherry Plum 6
Antriebslosigkeit	Clematis 9
Aggressivität	Holly 20
Apathie	Wild Rose 37
Appetitlosigkeit	Wild Rose 37
Alpträume	White Chestnut 35
Arroganz	Beech 3
Balance, gestörte	Beech 3
Bedauern	Honeysuckle 16
Beeinflussung	Walnut 33
Bescheidenheit, mangelnde	Elm 11
Bescheidenheit, zuviel	Water Violet 34
Cholerisch	Cherry Plum 6
Depressionen	Mustard 21
Demut	Centaury 4
Dienen, den anderen	Centaury 4
Dominanz	Vine 32
Durchsetzungsvermögen, mangelndes	Centaury 4
Egoistisch	Chicory 8, Heather 14, Willow 38

Empfindungen	**Blütenessenz mit Kennziffer**
Eifersucht	Holly 15
Einfühlungsvermögen, mangelndes	Chicory 8, Vine 32, Heather 14
Einmischung, ständige	Chicory 8
Einsamkeit	
die Stillen	Water Violet 34
die Ungeduldigen	Impatiens 18
nicht allein sein können	Heather 14
Energie, fehlende	Clematis 9, Wild Rose 37, Olive 23
Entmutigung, schnelle	Gentian 12
Entscheidungsfähigkeit, mangelnde	Scleranthus 28
Erschöpfung	Olive 23
Fehler, nicht aus ihnen lernen	Chestnut Bud 7
Fehlschläge, zu erwartende	Larch 19
Feingefühl, mangelndes	Honeysuckle 16, siehe auch: Einfühlungsvermögen, mangelndes
Freude, mangelnde	Mustard 21, Pine 24, Rock Water 27, Wild Rose 37
Fürsorge, übertriebene	Chicory 8
Furcht	siehe: Angst
Gedanken, bestimmte	Holly 15, White Chestnut 35
Gedanken, negative	Holly 15
Gedankendrang, quälender	White Chestnut 35
Geduld, mangelnde	Impatiens 18
Geiz	Rock Water 27
Gelassenheit, mangelnde	Beech 3, Impatiens 18, Mimulus 20, Rock Water 27, Vervain 31
Glaube, fehlender	siehe: Hoffnungslosigkeit

Die einen sind eifersüchtig, andere einsam, wieder andere übertrieben fürsorglich. Für alle Gemütszustände hält Dr. Bach eine Blütenessenz bereit.

Ob die Harmonie in Ihrem Inneren gestört ist, Sie Liebeskummer haben oder an Minderwertigkeitskomplexen leiden – immer gibt es eine ganz spezielle Bach-Blütenessenz, die Ihnen helfen kann.

Empfindungen	Blütenessenz mit Kennziffer
Gleichgültigkeit	Olive 23, Clematis 9, Honeysuckle 16, Willow 38, Wild Rose 37, Gorse 13
Groll	Willow 38
Harmonie, gestörte	Agrimony 1
Haß	Holly 15
Heimweh	Honeysuckle 16
Heiterkeit, mangelnde	siehe: Freude, mangelnde
Hemmungslosigkeit	Vervain 31
Hingabe, fehlende	Oak 22
Hoffnungslosigkeit	Agrimony 1, Gorse 13, Oak 22, Pine 24, Sweet Chestnut 30, Wild Rose 37
Idealismus, übersteigerter	Elm 11
Intoleranz	Beech 3
Kämpfen, gegen große Schwierigkeiten	Oak 22
Kraftlosigkeit	Olive 23
Kritiksucht	Chicory 8
Liebeskummer	Wild Rose 37
Loslassen, unfähig zum	Honeysuckle 16
Minderwertigkeitsgefühl	Centaury 4
Mißtrauen	Holly 15
Mutlosigkeit	Pine 24
Neid	Holly 15
Panik	Rock Rose 26
Passivität	Wild Rose 37

Empfindungen	**Blütenessenz mit Kennziffer**
Pessimismus	Larch 19
Prinzipien, starre	Vervain 31
Probleme, unüberwindliche	Sweet Chestnut 30
Realitätsverlust	Beech 3
Reserviertheit	Water Violet 34
Schockzustände	Star of Bethlehem 29
Schreck	Rock Rose 26
Schulangst	Mimulus 20
Schuldgefühle	Pine 24
Schulmeisterei	Vine 32
Schwermütigkeit	Mustard 21
Schwierigkeiten	Oak 22
Selbstdisziplin, krankhafte	Rock Water 27
Selbstvertrauen, mangelndes	Cerato 5
Selbstvertrauen, schwaches	Pine 24
Selbstvorwürfe	Pine 24
Selbstzweifel	Hornbeam 17
Stille Menschen	Water Violet 24
Streitereien	Agrimony 1
Streßzustand	Cherry Plum 6
Tagträumer	Clematis 9
Tyrann	Vine 32
Überforderung	Impatiens 18
Ungeduld	Impatiens 18
Unreinheit, das Gefühl von	Crab Apple10
Verbitterung	Willow 38
Vergangenheit, ständig in ihr leben	Honeysuckle 16
Verzweiflung	Mustard 21
Zähneknirschen	White Chestnut 35
Zusammenbruch, kurz vor	Sweet Chestnut 30

Kinder können an Schulangst leiden, unkonzentriert sein, extrem still oder extrem aufgedreht sein – immer dürfen Sie eine Therapie mit Bach-Blüten ausprobieren.

DIE SIEBEN GEMÜTS-ZUSTÄNDE

Das haben auch Sie schon erlebt: Angst um den Partner, um Freunde, die eigenen Kinder. Oder Einsamkeit, das Gefühl, allein auf der Welt zu sein, von niemandem geliebt zu werden. Und manchmal stellt sich völliges Desinteresse an der Umwelt und den Mitmenschen ein. Verzagen Sie nicht. Für all diese Probleme gibt es Bach-Blüten.

Bach-Blüten für jeden Gemütszustand

Bach-Blüten wirken direkt auf den psychischen Allgemeinzustand und damit indirekt auf den Körper. D.h., Sie können mit Bach-Blütenessenzen Ihre gelegentlichen Ängste, Unsicherheiten, eine momentane Interesselosigkeit, Einsamkeitsgefühle, Übersensibilität oder Sorgen beeinflussen.

Wie Bach-Blüten heilen

»Sie heilen nicht dadurch, daß sie die Krankheit direkt angreifen, sondern dadurch, daß sie unseren Körper mit den schönen Schwingungen unseres höheren Selbst durchfluten, in deren Gegenwart die Krankheit hinwegschmilzt wie Schnee an der Sonne. Es gibt keine echte Heilung ohne eine Veränderung in der Lebenseinstellung, des Seelenfriedens und des inneren Glücksgefühls.«

Dr. Edward Bach

Und so beugen Sie einer daraus entstehenden Krankheitsanfälligkeit und folgenden tatsächlichen Krankheiten erfolgreich vor.

Angst bis Sorge

Angst, unsicher, ohne Interesse? Geben Sie sich einzelnen Gemütsschwankungen nicht hin, sondern kämpfen Sie dagegen an – mit Bach-Blüten!

Dr. Bach teilte die von ihm in langen Praxisjahren als praktischer Arzt und medizinischer Forscher beobachteten, 38 verschiedenen Gemütszustände, die jeder Mensch im Leben kennenlernt und selbst erlebt, in sieben spezielle Gruppen mit jeweils mehreren Untergruppen ein und ordnete ihnen seine 38 Blütenessenzen zu.

Mit Hilfe dieser Aufstellung können Sie stets leicht das für Sie gerade passende Mittel finden. Sie müssen sich zuvor lediglich über Ihre aktuelle psychische Verfassung klarwerden. Beobachten Sie sich dazu aufmerksam, und lassen Sie sich am Anfang einer Bach-Blütentherapie von einem erfahrenen Therapeuten beraten. Erst dann sollten Sie mit der Selbstbehandlung beginnen.

Sieben Gemütszustände – ein Überblick

1. Gruppe: Angst
2. Gruppe: Unsicherheit
3. Gruppe: Mangelndes Interesse an der Gegenwart
4. Gruppe: Einsamkeit
5. Gruppe: Übersensibilität gegen äußere Einflüsse
6. Gruppe: Mutlosigkeit und Verzweiflung
7. Gruppe: Übermäßige Sorge um andere

Crab Apple ist die verwilderte Form unserer Apfelbäume. Die Blüten sind herzförmig weiß und rosa.

Bestimmen Sie Ihren Gemütszustand!

Sie selbst kennen sich am besten! Beobachten Sie deshalb Ihre täglichen Reaktionen, schreiben Sie Ihre typischen Verhaltensweisen und momentanen Probleme auf. Formulieren Sie Ihre Probleme in Stichworten, und schreiben Sie je eins in einen der Kreise.

Anschließend suchen Sie anhand der Zuordnungen auf den Seiten 66 ff. die für Sie geeigneten Mittel und notieren Sie unter dem jeweiligen Stichwort.

Analysieren Sie sich selbst! Denn erst wenn Sie Ihre momentanen Schwächen kennen, können Sie sie gezielt angehen.

Sieben Gemütszustände verweisen auf die Bach-Blüten

1. Angst

Gemütszustand	Bach-Blüten
Vage Ängste	Aspen (Zitterpappel, Espe)
Angst davor, den Verstand zu verlieren	Cherry Plum (Kirschpflaume)
Bestimmte Ängste	Mimulus (Gefleckte Gauklerblume)
Angst um andere	Red Chestnut (Rote Kastanie)
Akute Angst	Rock Rose (Sonnenröschen)

2. Unsicherheit

Gemütszustand	Bach-Blüten
Mangelndes Selbstvertrauen	Cerato (Bleiwurz)
Schnelle Entmutigung	Gentian (Bitterer Enzian)
Hoffnungslosigkeit	Gorse (Stechginster)
Selbstzweifel	Hornbeam (Hainbuche)
Mangelnde Entscheidungsfähigkeit	Scleranthus (Einjähriger Knäuel)
Unentschlossenheit und Unzufriedenheit	Wild Oat (Waldtrespe)

3. Mangelndes Interesse an der Gegenwart

Gemütszustand	Bach-Blüten
Unfähigkeit, aus Fehlern zu lernen	Chestnut Bud (Knospe der Roßkastanie)
Tagträumer	Clematis (Weiße Waldrebe)
Leben in der Vergangenheit	Honeysuckle (Geißblatt, Jelängerjelieber)
Schwermütigkeit und Verzweiflung	Mustard (Ackersenf)
Kraftlosigkeit und Erschöpfung	Olive (Olive)
Quälende Gedanken	White Chestnut (Weiße Kastanie)
Gleichgültigkeit und Passivität	Wild Rose (Heckenrose)

4. Einsamkeit

Gemütszustand	Bach-Blüten
Für alle, die nicht allein sein können	Heather (Schottisches Heidekraut)
Ungeduld	Impatiens (Drüsentragendes Springkraut)
Für die Stillen	Water Violet (Sumpfwasserfeder)

5. Übersensibilität gegenüber äußeren Einflüssen

Gemütszustand	Bach-Blüten
Probleme und Streitereien	Agrimony (Odermennig)
Wunsch, anderen zu dienen	Centaury (Tausendgüldenkraut)
Negative Gedanken	Holly (Stechpalme)
Gegen Beeinflussung	Walnut (Walnuß)

6. Mutlosigkeit und Verzweiflung

Gemütszustand	Bach-Blüten
Gefühl der Unreinheit	Crab Apple (Holzapfel)
Übersteigerter Idealismus	Elm (Ulme)
Erwartung von Fehlschlägen	Larch (Lärche)
Probleme, gegen große Schwierigkeiten anzukämpfen	Oak (Eiche)
Bei Schockzuständen	Star of Bethlehem (Doldiger Milchstern)
Schwaches Selbstvertrauen	Pine (Schottische Kiefer)
Kurz vor dem Zusammenbruch	Sweet Chestnut (Edelkastanie)
Bei Verbitterung	Willow (Weide)

7. Übermäßige Sorge um andere

Gemütszustand	Bach-Blüten
Realitätsverlust	Beech (Rotbuche)
Ständige Einmischung	Chicory (Wegwarte)
Krankhafte Selbstdisziplin	Rock Water (Quellwasser)
Starre Prinzipien	Vervain (Eisenkraut)
Bei Schulmeisterei	Vine (Weinrebe)

DIE 38 BACH-BLÜTEN

Die 38 verschiedenen Blütenessenzen von Dr. Bach beeinflussen akute und chronische negative Gemütszustände positiv. Um sie sinnvoll anwenden zu können, sind hier alle Blüten einzeln genau charakterisiert. Sie erfahren, aus welchen Blumen, Pflanzen und Bäumen die Essenzen gewonnen werden und in welchen Fällen sie als natürliche Heilmittel einzusetzen sind. Nehmen Sie Pflanzen statt Pillen, Natur statt Chemie!

1. Agrimony – Odermennig

Die Pflanze

Agrimony wächst 30 bis 60 Zentimeter hoch und ist vorwiegend auf Feldern, Böschungen und Brachland anzutreffen. Die Blütezeit liegt zwischen Juni und August; kleine gelbe Blüten hängen an langen, kegelförmig zulaufenden Blütenähren. Jede einzelne Blüte blüht nur drei Tage lang.

Dieses Kapitel ist ein Wegweiser durch die Welt der Bach-Blüten. Sie erfahren hier, wie Sie in akuten und vorübergehend negativen Gemütszuständen die Blütenessenzen individuell einsetzen können.

Wem hilft Agrimony?

Für die jovialen, fröhlichen und humorvollen Leute, die den Frieden über alles lieben und darum bei Streitereien in große psychische Bedrängnis geraten, ist Agrimony das richtige Heilmittel. Um Probleme zu vermeiden, sind sie bereit, viel aufzugeben und sich selbst zu verleugnen.

Sie verbergen ihre Sorgen und Schwierigkeiten sowie ihre äußere und innere Rastlosigkeit hinter einer Maske von Humor und Gelassenheit. Sie versuchen oft, sich unbeschwert oder fröhlich zu geben, wenn ihnen innerlich gar nicht danach zumute ist – z. B. Geschäftspartnern, Fremden und auch Freunden gegenüber.

Agrimonybetonte Menschen sind sehr sensibel und werden innerlich von Ängsten und Befürchtungen gequält. Sie stürzen sich deshalb in Aktivitäten und Unternehmungen, da sich sonst ihre Probleme, die sie normalerweise verdrängen, in ihr Bewußtsein schieben würden.

Aus diesem Grund sind sie auch dafür anfällig, ihre Probleme mit Alkohol, Tabletten oder Drogen zu verdrängen. Die Maske dient dazu, sich sicher zu fühlen.

Die Wirkung

Agrimony hilft, die innerliche Erstarrung zu lösen, sich besser mitzuteilen und die Relativität der Probleme zu erkennen. Negative Erfahrungen müssen nicht mehr verdrängt werden, sondern können ins Bewußtsein integriert werden.

2. Aspen – Zitterpappel, Espe

Die Pflanze

Aspen ist ein schlanker, bis zu 2,40 Meter hoher Baum, der überall wächst. Die männlichen hängenden und die kleineren weiblichen runden Kätzchen werden im März oder April kurz vor dem Laubausbruch sichtbar.

Wem hilft Aspen?

Diese Blütenessenz hilft all jenen, die an vagen, ungenauen Befürchtungen leiden, für die sie keine Erklärung und auch keine Begründung finden; aber sie haben dennoch Angst, daß etwas Furchtbares passieren könnte, ohne zu wissen, was sie genau befürchten. Diese unerklärlichen, vagen Ängste können die Betroffenen Tag und Nacht verfolgen. Sie haben meistens Hemmungen, ihre Ängste anderen mitzuteilen.

Mit Aspen hören die Ängste auf. Zwangsvorstellungen und quälende Gedanken nach schrecklichen Erlebnissen stellen Sie mit dieser Blütenessenz erfolgreich ab.

Menschen, die Aspen benötigen, besitzen die sprichwörtliche dünne Haut. Typische Redewendungen sind: »Ich habe solche Angst, aber ich weiß nicht, wovor.« Oder: »Ich habe Angst, daß etwas Furchtbares geschieht, aber ich weiß nicht, was es sein könnte.« Sie fühlen sich hilflos ihrer ohnmächtigen Angst ausgesetzt und können nichts dagegen tun. Diese Tatsache frustiert und erzeugt noch mehr Angst, nämlich Angst vor der Angst. Der gesamte Körper leidet mit – Zittern, Übelkeit und Schweißausbrüche sind die Folge.

Weitere Symptome sind panische Angst im Dunkeln, Verfolgungs- und Bestrafungsängste, bestimmte Ängste wie: Angst vor körperlicher Gewalt, Überfällen, Vergewaltigungen, Mißhandlungen, Angst vor Schlangen, Geistern etc. Die Betroffenen lassen sich gelegentlich auch auf ängstlich abergläubische Weise von okkulten und magischen Vorstellungen faszinieren.

Die Wirkung

Mit Aspen erleben diese Menschen, wie ihre Ängste abnehmen und wie sich ihre innere Zuversicht verstärkt. Aspen wird übrigens auch zur Mitbehandlung von Alkoholikern, von Opfern von Zwangsvorstellungen, von vergewaltigten Frauen und von mißhandelten Kindern empfohlen.

3. Beech – Rotbuche

Die Pflanze

Die Rotbuche ist ein bis zu 30 Meter hoher Baum; auf jedem wachsen zugleich männliche und weibliche Blüten. Man findet die stattlichen Bäume freistehend auf Wiesen und Lichtungen, aber auch in dichten Wäldern.

Wem hilft Beech?

Es gibt sicherlich in Ihrem Bekanntenkreis Menschen, die immer ein Haar in der Suppe finden und die sich außerdem anmaßen, ein Geschmacks- oder Moralurteil über andere zu fällen. Sie kritisieren unentwegt und urteilen nach subjektiven, sehr engen Maßstäben, ob es sich nun um die neue Frisur der Nachbarin handelt oder um den Umgang der Tochter. Sie mokieren sich über die Beziehung ihrer Kollegin mit einem jüngeren Partner und haben über bestimmte Urlaubsländer vorgefertigte negative Meinungen, ohne selbst jemals dort gewesen zu sein. Es reicht ihnen nicht, immer nur aus der Entfernung zu kritisieren, nein, sie erdreisten sich auch noch, ungefragt den Betroffenen ihre Meinung kundzutun.

Kritikfreudig, aber intolerant

Aber wehe, wenn nur ein Hauch von Kritik gegenüber dem Beech-Typ geäußert wird, dann fühlt er sich zutiefst gekränkt. Sie können die Welt in solchen Momenten nicht mehr verstehen und fühlen sich ungerecht behandelt. Selbstkritik ist ein Fremdwort für den Beech-Typ. Diese Menschen sind voll und ganz von ihrer Person und ihrem korrekten Verhalten überzeugt. Mit Toleranz können sie wenig anfangen. Sie leben absolut selbstbezogen. In extremen Fällen können sie überhaupt nichts Positives mehr in ihrer Umwelt sehen und kapseln sich deshalb vollständig ab.

Ziel der Bach-Blütentherapie ist eine psychische Reinigung; dadurch wird eine größere Entfaltung der eigenen positiven Charakter-eigenschaften erreicht.

Die Wirkung

Beech hilft diesen Menschen, ihre Umwelt besser zu verstehen und sich in ihre Mitmenschen hineinzuversetzen. Die Selbstbezogenheit und die negativen Projektionen werden aufgelöst, sie können sich von den begrenzten Wertmaßstäben lösen und die Andersartigkeit ihrer Mitmenschen als Bereicherung anstatt als Bedrohung erleben. Diese Toleranz führt sie zu mehr Menschlichkeit und wichtigen Kontakten.

4. Centaury – Tausendgüldenkraut

Die Pflanze

Diese fünf bis 35 Zentimeter große Pflanze wächst auf trockenen Feldern, an Wegrändern und auf kargen Plätzen. Von Juni bis August zeigen sich rosa Blüten.

Wem hilft Centaury?

Diese Menschen gehen an den Freuden des Lebens vorbei, weil sie sich selbst gern zurückstellen und ihre eigenen Bedürfnisse den Launen der anderen unterwerfen. Sie sind zu bescheiden. Diese Haltung

Die traubenförmigen Blüten der Ulme, auf englisch Elm, blühen rötlich; Sie finden sie je nach Witterung im Februar, März oder April.

kommt aus einer inneren Unsicherheit heraus, die dazu führt, daß sie es jedem recht machen wollen. Aber man kann nicht »Everybody's darling«, d.h. bei jedem beliebt sein.
Das ist für diese Menschen schwer einzusehen, und deshalb sind Centaury-Charaktere sehr schwere Arbeiter. Sie neigen dazu, sehr ergeben, ja geradezu devot zu sein und den anderen bis zur Selbstaufgabe zu unterstützen. Um von anderen anerkannt und geliebt zu werden, nehmen sie fast jedes Joch auf sich. Sie leben, um zu arbeiten – stellen dabei aber ihre persönlichen Wünsche und Bedürfnisse zugunsten anderer zurück.

Ein Leben für andere – seit der Kindheit

Centaury-Typen werden meist in ihrer Kindheit so geprägt. Oft ist ein dominanter, aggressiver Elternteil – häufig der Vater – vorhanden. Das Kind hat gelernt, ein bißchen Liebe und das Gefühl des Gebrauchtwerdens zu bekommen, indem es sich exakt dem Willen der

Der Herbstenzian – Gentian – blüht blau bis purpur. Sie finden die leuchtenden Blüten von August bis Oktober auf karstigen Böden.

Mit Centaury lernen Sie Ihre eigene Persönlichkeit kennen. Sie verhilft Ihnen zu einem ausgeprägten Selbstbewußtsein und der Fähigkeit, sich selbst zu akzeptieren.

Eltern beugt. Das Verhältnis zum anderen Elternteil – meist der Mutter – war häufig ebenfalls nicht besonders gut.
Das Kind wurde eventuell von Krankheit, Unglück oder Einsamkeit bedroht. Die Mutter machte ihr eigenes Glück vom Funktionieren des Kindes abhängig. Es versteht sich von selbst, daß die Ausbildung dem Interesse der Eltern folgte. Die Partnerwahl hatte das gleiche Muster. Entweder wurde der Partner als Fluchtpunkt aus dem Elternhaus gewählt, oder er wurde aus Mitleid ausgesucht. Denn das Muster der Kindheit kann sich so unbewußt weiter fortsetzen: gebraucht werden, Liebe erarbeiten. Etwas anderes hat der Centaury-Typ nie kennengelernt.

Das positive Helfenwollen wird von ihm negativ verzerrt. Er ist mehr Sklave als Helfer. Schon allein der Gedanke, das Leben ändern zu wollen, erfüllt ihn mit Angst vor Bestrafung. Diese Strafe muß nicht körperlich erfolgen. Der Centaury-Typ hat vielmehr Angst vor Liebesentzug und Ablehnung; er hegt die große Befürchtung, nicht mehr gebraucht zu werden.
Diese Situation hat er als Dressur allzuoft in der Kindheit erfahren müssen. Seine Bezugspersonen spielten das Spiel: Entweder machst du das, was ich will, oder ich spreche nicht mehr mit dir, liebe dich nicht mehr, verlasse dich. Verlassen zu werden und Liebesentzug aber sind die größten Ängste des Centaury-Typs, deshalb funktionieren die Drohungen auch so gut.

Die Wirkung

Centaury hilft, die eigene Persönlichkeit zu entdecken und zu entfalten. Centaury gibt die Kraft für ein gesundes Selbstbewußtsein und hilft, sich selbst mehr zu lieben. Denn um anderen stark und gleichberechtigt entgegentreten zu können, ist es von größter Wichtigkeit, sich selbst zu lieben, d.h., sich so zu akzeptieren, wie man ist – mit allen Schwächen und Stärken.
Im positiven Centaury-Zustand kann man mit gesundem Selbstvertrauen die eigenen Wünsche und Zielsetzungen vertreten. Centaury nimmt die Angst vor Einsamkeit und Liebesentzug. Sie beseitigt das Gefühl, kritiklos die Wünsche anderer erfüllen zu müssen, und hilft, die eigene Identität zu wahren.

5. Cerato – Bleiwurz

Die Pflanze

Cerato ist eine ca. 60 Zentimeter große Blume mit tubenförmigen, blaßblauen Blüten, die von August bis September gesammelt werden. Bleiwurz, auch Hornkraut genannt, stammt ursprünglich aus dem Himalaja.

Wem hilft Cerato?

Menschen, die Cerato benötigen, haben meist keine eigene Meinung und müssen daher immer den Rat anderer einholen oder sich den Meinungen anderer anpassen. Ihr Selbstvertrauen ist schwach ausgeprägt und ihr Urteilsvermögen gering. Doch je mehr Menschen sie um ihre Meinung fragen, desto unsicherer werden sie; denn je mehr Menschen, um so mehr unterschiedliche Meinungen. Deshalb sagen sie sich am Ende: »Hätte ich doch auf mein Gefühl gehört. Im Innersten weiß ich genau, was gut für mich ist – aber ich bin meistens verunsichert.«

Unsicher und geschwätzig

Sie zweifeln ständig an ihren Entscheidungen und neigen deshalb auch dazu, die unglaublichsten Handlungen auf Empfehlung anderer auszuführen. Da ihr Harmoniebedürfnis sehr ausgeprägt ist, versuchen sie, es anderen Menschen immer recht zu machen, nur um anerkannt zu werden.

Cerato-Typen sind sehr geschwätzig und launisch. Außerdem leiden sie unter Konzentrationsstörungen. Ihre Geschwätzigkeit äußert sich in Form von endlosen Fragen an ihre Mitmenschen, deren Rat sie ständig suchen. Ihre Unsicherheit erschöpft also auch ihre Umwelt, da der Eindruck entsteht, der Cerato-Typ sei nie zu überzeugen.

Cerato ist die geeignete Blütenessenz für all jene, die an sich selbst zweifeln. Greifen Sie darauf zurück, wenn Sie sich unsicher fühlen.

Sie bewundern Menschen, die willensstark sind und sehr genau wissen, was sie wollen. Dies führt dazu, daß sie diese nachahmen und ihre Verhaltensweisen kopieren, ohne dabei die im alltäglichen Leben notwendigen Entscheidungen zu fällen. Aber lediglich eine oberflächliche Kopie anderer zu sein führt zu neuen Problemen, und damit hat sich der Kreislauf der Unsicherheiten geschlossen.

Die Wirkung

Im positiven Cerato-Zustand strahlen die Betroffenen heiteres Vertrauen aus und ruhen in sich selbst. Ihre Intuition ist sehr ausgeprägt, und sie sind deshalb unabhängig vom Rat anderer Menschen. Sie sind sehr intelligent, begabt und vertrauen auf ihre eigenen Fähigkeiten. Sie zeichnen sich besonders dadurch aus, daß sie Ruhe bewahren, auch wenn alles um sie herum in Bewegung gerät.

Haben Sie Angst?

Angst kann viele Gründe haben, und Angst wird von jedem unterschiedlich stark empfunden. Wenn Sie plötzlich ängstlich reagieren, dann sollten Sie diesen Gefühlen mit Bach-Blüten entgegenwirken.

Wer seine Spontaneität unterdrücken mußte, sich stets unterordnet und Angst hat aufzufallen, dem hilft Cherry Plum, wieder spontan und ungehemmt seine Gefühle auszuleben.

6. Cherry Plum – Kirschpflaume

Die Pflanze

Cherry Plum ist ein drei bis vier Meter hoher Baum bzw. Strauch mit schneeweißen Blüten, der zwischen Februar und April – noch vor dem Laubausbruch – blüht.

Wem hilft Cherry Plum?

Situationen, in denen man meint durchzudrehen, die Angst, verrückt zu werden, beinahe die Selbstkontrolle zu verlieren, kennzeichnen den Cherry-Plum-Typ. Der innere Druck ist bis kurz vor einer Explosion angestiegen, man denkt sogar daran, sich das Leben zu nehmen, so ausweglos erscheint die momentane Situation. Man hat sich in eine scheinbar unlösbare Situation hineinmanövriert.

Früh unterdrückt

Menschen mit einem großen Drang, sich zu entfalten, und mit einer ausgeprägten Vitalität geraten leicht in einen negativen Cherry-Plum-Zustand, denn gerade sie mußten meistens, von frühester Kindheit an, alle Gefühle unterdrücken. Das Ausleben von Freude, Glück, Wut und Trauer wurde ihnen stets von den Erwachsenen beschnitten. Sie haben gelernt, sich unterzuordnen und nicht aufzufallen.
Deshalb macht der seit langem aufgestaute Druck angst, und man ist nicht mehr Herr der Situation. Ein Chaos der Gefühle von aufgestauten Trieben und Konflikten bricht plötzlich über den Cherry-Plum-Typ herein. Besonders oft treten diese Zustände während der Pubertät auf, da die anerzogene Moral den Jugendlichen nicht erlaubt, ihre Triebe voll auszuleben.

Die gelben Blüten des Stechginsters – Gorse – leuchten Ihnen von Februar bis Juni auf trockenen, steinigen Böden entgegen.

Die Wirkung

Der ausgeglichene Cherry-Plum-Typ wird Vertrauen in die Bedürfnisse des Lebens bekommen und alle Gefühle ohne Angst ausleben können. Auch im sexuellen Bereich erlebt er eine Bereicherung: sich ohne schlechtes Gewissen und überzogene Moralvorstellungen hingeben und gleichzeitig genießen zu können. Ein Leben ohne Druck und schlechtes Gewissen, sondern mit Mut, Kraft und Spontaneität ist dank Cherry Plum möglich.

7. Chestnut Bud – Knospe der Roßkastanie

Die Pflanze

Bach-Blüten sind keine Medikamente, sondern Heilpflanzen, die im psychosomatischen Bereich ansetzen. Sie wirken auf die Psyche und lindern damit indirekt körperliche Beschwerden.

Ausschließlich die Knospen der Roßkastanie werden für die Chestnut-Bud-Essenz verwendet. In ihnen befinden sich unter einer Schicht von 14 Häuten gleichzeitig Blüte und Blätter. Die Blüten der Roßkastanie werden bei der Herstellung von White Chestnut (Seite 115) gebraucht.

Wem hilft Chestnut Bud?

Kennen Sie die Situationen, in denen man immer wieder in das gleiche Fettnäpfchen tritt? Immer wieder die gleichen Fehler begeht, obwohl man sich fest vornimmt, daß sie nicht mehr passieren? Negative Situationen werden geradezu angezogen. Jetzt steht man kurz vor dem Erfolg, für den man hart gearbeitet hat – und erneut kommt ein Mißgeschick, das alles zunichte macht.

Die Einsicht fehlt

Chestnut-Bud-Typen schieben die Ursachen der Fehler auf andere. Sie sind nicht in der Lage, die Verantwortung für die eigenen Fehler zu übernehmen, d.h., sie zu analysieren und dadurch wichtige Erkenntnisse zu gewinnen, daraus zu lernen. Ihre gesamte Entwicklung ist blockiert, da kein Lernprozeß stattfindet. Jeder Fehler hat eine Ursache: falsche Entscheidungen, ungünstige Gewichtungen, mangelnde Selbstdisziplin usw. Wenn uns Fehler unterlaufen, dann haben wir auch die Möglichkeit, daraus zu lernen und deshalb in Zukunft besser zu werden.

Chestnut-Bud-Typen haben die Eigenschaft, einmal gemachte Fehler sofort zu vergessen und sich um alle Nebensächlichkeiten dieser Welt zu kümmern, anstatt sich mit den Problemen konstruktiv auseinanderzusetzen. Doch je länger Probleme verdrängt und verschoben werden, desto größer werden sie.

Die Wirkung

Chestnut Bud hilft den Menschen, Dinge und Ereignisse mit größerer Aufmerksamkeit zu betrachten. Fehlerquellen werden durch ehrliche Analyse ausgeschlossen. Sie beginnen, aus eigenen Erfahrungen und den Erfahrungen anderer zu lernen. Durch diese Voraussetzungen wird das Leben wieder bewußter wahrgenommen und dadurch lebenswerter.

8. Chicory – Wegwarte

Die Pflanze

Chicory ist eine 90 Zentimeter hohe, häufig verzweigte Pflanze mit leuchtendblauen, sternenförmigen und sehr empfindlichen Blüten, die unmittelbar nach dem Pflücken verwelken. Sie wächst auf Geröll, Schotter und brachliegenden Feldern oder an Wegen.

Wem hilft Chicory?

Der Chicory-Typ hat Angst, Gefühle zu äußern. Diese Menschen lassen zwar Gefühle in ihr Inneres, aber sind nicht in der Lage, sie nach außen zu zeigen. Geben und nehmen stehen hier in einem deutlichen Mißverhältnis. Dadurch wirkt der Chicory-Typ egoistisch, machthungrig, geizig, habsüchtig und übermäßig fordernd.

Haben Sie Angst, Gefühle zu zeigen? Möchten Sie Ihr Inneres vor Ihren Mitmenschen verbergen? Befreien Sie sich von diesem Verhalten mit Chicory.

Besitzergreifend bis zur Unterdrückung

Diese Menschen neigen dazu, ihre Mitmenschen einzuengen, sind extrem eifersüchtig und besitzergreifend. Mitunter verstehen sie es, Menschen in beständiger Abhängigkeit an sich zu binden. Sie scheuen auch vor Unterdrückung und Erpressung nicht zurück. »Wenn du dies oder jenes nicht tust, dann ...!« das ist häufig von ihnen zu hören. Sie kritisieren ständig und sehen oft nichts Gutes an anderen. Sie han-

deln nach dem Motto: »Wenn man das Licht des anderen ausbläst, dann leuchtet das eigene Licht noch heller.«
Gute Beispiele für den Chicory-Tpy sind sehr ehrgeizige Mütter, die sich in das Leben ihrer Kinder einmischen und sogar bei der Partnerwahl ein gewichtiges Wort mitreden. Ebenfalls bekannt sind Models und Schauspieler, die durch ihre sehr ehrgeizigen Mütter gnadenlos gemanagt werden.
Erreicht der Chicory-Typ einmal nicht sein egoistisches Ziel, dann wird er schnell zum jammernden Märtyrer, der angeblich so aufopfernd seine eigenen Bedürfnisse zurückstellt, mißverstanden wird und überdies keinen Dank erhält. Dieses Manöver dient nur dazu, Aufmerksamkeit zu erregen. Der Chicory-Typ braucht Verständnis und Zuneigung, hat aber gleichzeitig Angst, die Kontrolle zu verlieren.

Chicory-Männer lassen lieben

Besonders viele Männer befinden sich im Chicory-Zustand. Sie sehnen sich nach Liebe und Partnerschaft und unterliegen dabei dem Mißverständnis, für den anderen immer nur das Beste zu wollen – un-

Die Blüten des Schottischen Heidekrauts – Heather – blühen von Juli bis September blaurosa und weiß auf Mooren und in der Heide.

abhängig davon, ob es für den anderen wirklich das Beste ist. Finden sie eine Partnerin, so tun sie alles, um die Oberhand zu bekommen. Sie sind nicht in der Lage, ihre Gefühle zu zeigen. Liebesgefühle lösen bei ihnen die Angst aus, von der Partnerin emotional abhängig zu werden, und so tun sie unbewußt alles, um diese Partnerschaft zu zerstören, und suchen sich dann die nächste Partnerin, da sie annehmen, sich nur auf diese Weise vor Gefühlen schützen zu können.

Die Wirkung

Im positiven Chicory-Zustand kümmert man sich mit echter Liebe um andere, ohne Gegenleistungen zu erwarten. Positive Chicory-Typen sind gute, eigenständige Führungspersönlichkeiten. Sie sind selbstlos und auf das Wohl der anderen bedacht. Sie dienen ihren eigenen Zielen und denen anderer und setzen sich für fremde Belange ebenso ein wie für die eigenen Ideale.
Sie sind brillant im Analysieren von Schwächen anderer. Somit fällt es ihnen leicht, unlautere Machenschaften zu entdecken und zu unterbinden. Sie fördern oft Menschen, wobei sie sich diskret und unerkannt im Hintergrund halten. Sie lieben, ohne den anderen besitzen zu wollen, und geben ihren Freunden Sicherheit und Geborgenheit.

Die Blütenessenz Chicory unterstützt die Liebe zu anderen, die Selbstlosigkeit und das Bedürfnis, für das Wohl der Mitmenschen zu sorgen.

9. Clematis – Weiße Waldrebe

Die Pflanze

Eine holzige Kletterpflanze, die bis zu zwölf Meter hoch wächst, ist die Clematis. Für die Bach-Blütentherapie werden nur die Blüten der weißblühenden Clematis verwendet, die sich von Juli bis September öffnen.

Wem hilft Clematis?

Menschen, die ihren Tagträumen nachhängen, fern jeglicher Realität leben, Visionen von großartigen zukünftigen Ereignissen haben, sind klassische Vertreter des Clematis-Typs. Sie sind scheu, an der Vergangenheit orientiert, schätzen die Einsamkeit und haben die Fähigkeit, unangenehme Dinge zu vergessen. Sie leben gedankenverloren in ihrer eigenen Welt, in die andere nur schwer vordringen können, da sie das Träumen im wachen Zustand zum Hauptinhalt ihres Lebens gemacht haben. Bei Schwierigkeiten flüchten sie sich in unrealistische Illusionen, statt konkrete Lösungen zu suchen.

Bach-Blüten können bei aktuellen Ereignissen und plötzlichen Beschwerden, aber auch zur Prophylaxe angewendet werden. Probieren Sie es aus!

Gleichgültig und ziellos

Es sind Menschen, die von der Hand in den Mund leben. Sie machen keine klaren Zukunftspläne und haben keine Ziele. Heute ist heute – morgen ist morgen. Es gibt nichts, was sie aus der Ruhe bringt. Sie spüren kaum Aggressionen und Ängste. Sie sind gleichgültig und haben keinen Ehrgeiz; überdies besitzen sie ein ausgeprägtes Schlafbedürfnis. Stecken sie in Schwierigkeiten, so bemühen sie sich kaum, wieder aus der Krise herauszukommen. Sie beherrschen meisterhaft die Passivität.
Sie wirken verletzlich, verträumt und unbedarft. Deshalb finden sie auch immer wieder Menschen, die sich eine Zeitlang ihrer und ihrer Probleme annehmen.

Die Wirkung

Clematis kann helfen, die Gedanken zu ordnen; sie wirkt Unaufmerksamkeit und Unkonzentriertheit entgegen. Positive Clematis-Typen setzen sich für ihre Mitmenschen ein, besonders im sozialen und karitativen Bereich. Da sie ein großes Interesse an ihrer Außenwelt und am Kontakt mit ihren Mitmenschen haben, widmen sie sich vielen Aktivitäten. Sie sind sehr mitfühlend und herzlich.

Oftmals drückt sich ihre ausgeprägte Kreativität im künstlerischen Bereich aus. Ihre Gefühle sind aufrichtig und ehrlich. Ihre Treue zu Menschen und Institutionen ist bekannt. Der Clematis-Typ wechselt weder häufig den Partner noch den Arbeitsplatz.

10. Crab Apple – Holzapfel

Die Pflanze

Diese Wildform des Apfelbaums wird bis zu zehn Meter hoch. Seine Blütenblätter sind herzförmig und blühen im Frühjahr weiß und rosa. Er wächst in Hecken, im Dickicht und auf Waldlichtungen.

Wem hilft Crab Apple?

Kennen Sie Menschen, die man als Putzteufel bezeichnet? Genau dies ist der Crab-Apple-Typ. Unermüdlich wird gewischt, geputzt, zurechtgezupft und korrigiert. Das bezieht sich nicht nur auf den Haushalt oder das Büro, wo auf dem Schreibtisch alles perfekt geordnet liegt, als ob es sich um ein Ausstellungsstück eines Möbelhauses handelt.

Dieser übertriebene Reinheitskult erstreckt sich auch auf das Innenleben, den geistig-seelischen Bereich. Denn diese Menschen haben häufig das Gefühl, äußerlich und innerlich beschmutzt zu sein, z. B. durch negative Gedanken, durch Gespräche, durch »verunreinigende« Handlungen – etwa sexuellen Kontakt –, durch schlechten Umgang und durch Umgang mit »unsauberen« Menschen.

Sauber allein genügt nicht!

Sie selbst gehen mit gutem Beispiel voran. Der Haushalt glänzt und blitzt, alles liegt an seinem Platz, die Kleidung ist überaus korrekt. Der Körper wird scharf beobachtet, und die Gesundheitschecks werden peinlichst genau eingehalten.

Besonders der Haut wird große Aufmerksamkeit gewidmet. Es gleicht einer Katastrophe, wenn ein Pickel oder eine unerklärliche kleine Veränderung zu sehen ist. Dann wird gleich desinfiziert, gereinigt und der Arzt konsultiert. Bezeichnenderweise haben gerade diese Menschen sehr viel unter Allergien und Hautproblemen zu leiden. Wie wir wissen, ist die Haut der Spiegel der Seele!

Sauber, rein, am liebsten porentief rein? Oder besser noch steril! Bedenken Sie, daß chemische Putzmittel Allergien auslösen können, und befreien Sie sich vom Putzzwang mit Hilfe von Crab Apple.

Früh gedrillt für das ganze Leben

Auch die Kinder funktionieren schon perfekt. Keine Brösel, keine Flecken sind auf der Kleidung sichtbar. Wie die Haustiere, falls überhaupt vorhanden, sind die Kleinkinder schon sehr früh sauber. Dieser übertriebene Reinlichkeitswahn terrorisiert die gesamte Umgebung und engt ein. Keiner traut sich mehr, spontan zu reagieren, und alles und jeder wird kontrolliert.

Dies ist eine gefährliche Beeinträchtigung der Lebensfreude des Crab-Apple-Typs und seiner bedauernswerten Umgebung. Besonders Kinder von Crab-Apple-Müttern entwickeln sich später zu Menschen, die große Probleme mit sich und ihrer Umwelt bekommen. Sie werden sich aufgrund des Reinlichkeitsdrills in der Kindheit, der meist immer mit einer Bestrafung einhergegangen ist, später nichts mehr zutrauen. Crab-Apple-Typen haben Angst, nicht sauber und perfekt zu sein. Sauberkeit und hohe Moralvorstellungen werden immer das Wichtigste in ihrem Leben sein. Dies geht natürlich auf Kosten von wichtigen mitmenschlichen Kontakten und führt letztlich zum Verlust der Spontaneität.

Die Wirkung

Crab Apple hilft, die richtige Relation im Umgang mit Sauberkeit und Ordnung zu entwickeln. Die Blütenessenz bewirkt eine Reinigung auf körperlicher und psychischer Ebene. Ein Zuviel an psychischen Belastungen und aufgestauten Ängsten wird abgebaut.
Dies wird sich in mehr Lebensfreude ausdrücken; sie lernen, gelegentlich nicht alles so genau zu nehmen. Die mitmenschlichen Kontakte werden nicht mehr so kontrolliert und abgegrenzt sein. Der Horizont wird erweitert, weil nicht mehr alles nur auf eine begrenzte Perspektive ausgerichtet ist.

Holly ist ein weißblühender Strauch mit immergrünen Blättern und roten Beeren. Sie finden ihn in Wäldern.

Fühlen Sie sich unsicher?

Manche Menschen vermissen gelegentlich das eigentlich so wichtige Selbstvertrauen. Sie sind unsicher, haben Zweifel an allem, besonders an sich selbst. Auch Entscheidungen fallen ihnen schwer. Lassen Sie sich in solche Unsicherheiten nicht hineinfallen; Bach-Blüten können Ihnen Zuversicht und Selbstvertrauen zurückgeben!

11. Elm – Ulme

Die Aufgaben sind gewachsen, die Ideen lassen nicht nach? Erfolg ist motivierend, aber überfordern Sie sich auf Dauer nicht. Elm kann behutsam bremsen.

Die Pflanze

Dieser Baum blüht mit zahlreichen traubenförmigen Blüten je nach Witterung zwischen Februar und April. Sie finden die Ulme mit ihren breiten Baumkronen in Wäldern.

Wem hilft Elm?

Menschen mit Elm-Charakter haben Power. Sie managen mit großem Verantwortungsgefühl wichtige Aufgaben und besitzen überdurch-

schnittliche Fähigkeiten. Sie möchten immer das Optimum erreichen und stoßen dabei oftmals an ihre körperliche Leistungsgrenze. In dieser Situation fühlen sie sich ihren Aufgaben und ihrer Verantwortung nicht mehr gewachsen. Plötzlich kommen Zweifel auf.
Die positive Einstellung, die Ausstrahlung sind verschwunden. Das Selbstwertgefühl schwankt, und es wird alles in Frage gestellt. Das Ziel scheint nun in weiter Ferne zu liegen. Die Last der Verantwortung nimmt ihnen jegliche Kraft. In diesem Zustand wird auch der Sinn des Lebens in Frage gestellt. Das Gefühl der totalen Überforderung ist bei Elm-Typen aber meist nur vorübergehender Natur.

Die Wirkung

Die Blütenessenz Elm löst die inneren Blockaden. Frustration und Selbstzweifel werden ausgeräumt. Die Phase der Mutlosigkeit geht vorüber, neue Schaffenskraft gibt wieder neuen Auftrieb, und das ursprüngliche Selbstvertrauen kehrt zurück.

12. Gentian – Herbstenzian

Die Pflanze

Eine blau bis purpur blühende Blume ist der Gentian. Die Pflanze wird etwa 15 bis 20 Zentimeter hoch und blüht von August bis Oktober. Gentian wächst auf karstigen Böden und in Dünen.

Ist bei Ihnen das Glas immer halb leer, der Vormittag stets vertan, ohne daß der Nachmittag noch vor Ihnen liegt? Diesen Pessimismus können Sie mit Gentian verjagen.

Wem hilft Gentian?

Schwarzseher und Pessimisten sind Gentian-Typen. Sie warten ständig darauf, daß etwas schiefgeht. Durch diese negative innere Einstellung ziehen sie geradezu den Mißerfolg an. Ist einmal etwas nicht gutgegangen, so trauern sie dieser Situation lange nach und nehmen sie als Maßstab für die Zukunft.

Leicht entmutigt und pessimistisch

Wenn auch nur leichte Anfangsschwierigkeiten auftreten, so ist der Gentian-Typ schon entmutigt und enttäuscht. Dieses schnelle Aufgeben ist eine Abwehrhaltung, ein Selbstschutz, dessen Wurzel in der Kindheit liegt. Da wurden die Lebenslust und das Ausprobieren des

Kindes durch seine Umwelt eingeschränkt und bestraft. Wenn etwas schiefgelaufen war, wurde z.B. gesagt: »Siehst du, du schaffst ja nicht einmal die einfachsten Dinge ...« Oder: »Ich habe es dir ja gleich gesagt, aber du konntest nicht auf mich hören.«

Es gibt viele Menschen, die erst mal mit dem Schlimmsten rechnen. Sie trauen sich nicht, sich im voraus auf irgend etwas zu freuen, da es möglicherweise mißlingen kann. Diese grundsätzliche Skepsis wird Zweckpessimismus genannt. Sie kennen sicher die Geschichte von dem Fuchs, dem die Trauben zu hoch hingen ...

Beispiele für den Gentian-Typ finden sich auch in manchen Partnerschaften: Man verläßt jemanden, bevor man selbst verlassen wird. Das ist reiner Selbstschutz, damit die Trennung nicht so weh tut. Oder man provoziert unbewußt Situationen, damit man vom Partner verlassen wird, um hinterher sagen zu können: »Habe ich doch gleich gewußt ...« Es scheint fast, als würden diese Menschen ihren Pessimismus genießen.

Wer leicht entmutigt ist, schon nach den ersten Anfangsschwierigkeiten Enttäuschung zeigt, sollte nicht verzagen und Gentian, den Herbstenzian, ausprobieren.

Die Wirkung

Gentian hilft, diese negativen Blockaden zu lösen, spontaner zu leben, ohne angezogene innere Handbremse. Man lernt durch diese Pflanze, mit Konflikten umzugehen. Das Leben ist ein Auf und Ab. So, wie wir Nacht und Tag unterscheiden, Sonne und Regen kennen, so gibt es Glück und Unglück, Freude und Leid, Erfolg und Mißerfolg. Dieser Kreislauf macht das Leben lebendig und lebenswert. Alles ist offen, alles ist möglich.

Gentian nimmt die Angst vor Mißerfolg und Versagen. Die Wünsche und Ziele können positiv formuliert werden. Die Unsicherheit durch mangelndes Vertrauen wird abgebaut, dadurch nimmt die Zuversicht in die eigenen Stärken zu.

13. Gorse – Stechginster

Die Pflanze

Der Stechginster wächst auf trockenen, steinigen Böden und blüht zwischen Februar und Juni. Die Blüten sind gelb und duften leicht nach Mandeln.

Wem hilft Gorse?

Hoffnungslosigkeit kann weit gehen: Endlich alles hinter sich lassen; sterben, um den Gedanken ein Ende zu machen. Doch das Leben bietet mehr – mit Gorse.

Der Gorse-Typ hat die Hoffnung aufgegeben, er ist ganz unten. Es gibt nichts mehr für ihn zu verlieren. Er denkt sogar daran zu sterben. Todessehnsucht – weil dann die Seelenqualen zu Ende wären. Er sieht keinen Lichtschimmer mehr am Ende des Tunnels, in dem er sich befindet. Alle Bemühungen waren vergebens.
Er weiß noch nicht einmal genau, was er falsch gemacht hat. Wie hätte er diese Situation verhindern können? Er ist deprimiert und psychisch müde. Die Resignation steckt so tief in ihm, daß er sich hoffnungslos und völlig verzweifelt fühlt. Es wird nichts unternommen, um die eigene Situation zu verändern, sondern er wartet auf Impulse von außen, die wie durch ein Wunder alles zum Guten wenden.

Erkennen statt resignieren

Alles, was uns weh tut, leitet andererseits einen Lernprozeß ein. Wir ändern uns, unsere Einstellung und gewinnen neue Erkenntnisse – z.B. wenn wir enttäuscht werden, dann werden wir gleichzeitig von einer Selbsttäuschung befreit. Dies ist ein schmerzvoller Prozeß. Wenn man die Erfahrung aus einer gewissen Distanz betrachtet, dann bewirkt alles Negative auch Positives.

Die Wirkung

Die Blütenessenz Gorse hilft, diese schwere Krise durchzustehen, indem man eine andere Einstellung zu der vermeintlich hoffnungslosen Lage gewinnt und das Schicksal akzeptieren kann.

14. Heather – Schottisches Heidekraut

Die Pflanze

Dieses Heidekraut hat blaurosa oder weiße Blüten und darf nicht mit der rotblühenden Erika verwechselt werden. Heather blüht zwischen Juli und September auf offenen Flächen, Mooren und Heiden.

Wem hilft Heather?

Heather-Typen brauchen Publikum bei allem, was sie tun. Geschickt inszenieren sie ihre Auftritte und bringen ihre angeblichen Vorzüge zur Geltung. Diese extrovertierten Menschen übersieht und überhört man nie. Sie haben die vorzügliche Gabe, sich immer ins rechte Licht zu setzen. Selbstbewußt und mit großem Mitteilungsbedürfnis erzählen sie von ihrem Leben, von sämtlichen Krankheiten, von ständigen Erfolgen, d.h. von allem, was sie erleben. An Bescheidenheit mangelt es ihnen.

Publikum wird gesucht und abgeschreckt

Gern schmücken sie sich mit wichtigen und prominenten Zeitgenossen. Sie brauchen die ständige Bestätigung, daß sie etwas Besonderes sind. Dabei ist es ihnen gar nicht so wichtig, mit wem sie reden; Hauptsache, sie haben Publikum – wenn auch meistens unfreiwillig – und können von ihren wichtigen Problemen und großen Leistungen sprechen.

Daß sie mit ihrem zwanghaften Bedürfnis, sich selbst darzustellen, andere in die Ecke drängen und verletzen könnten, kommt ihnen nicht in den Sinn. Sie sind zu sehr mit sich selbst beschäftigt, um für die Belange der anderen genügend Interesse und Verständnis aufzubringen. Obwohl Heather-Typen mit ihrer Selbstbezogenheit ihre Umwelt abschrecken, wollen sie genau das Gegenteil erreichen.

Rot und weiß blüht die Kletterpflanze Honeysuckle im Juli und August in Wäldern und auf der Heide.

Wer sich nicht geliebt fühlt, Aufmerksamkeit vermißt und egoistisch immer mehr fordert, sollte Heather ausprobieren, bevor seine Mitmenschen die Geduld mit ihm verlieren.

»Hilfe, ich werde nicht geliebt!«

Dieses Verhalten ist ein unbewußter Hilferuf nach Zuneigung und Anerkennung. Entweder wurde der Heather-Typ von den Eltern emotional vernachlässigt und mußte gefühlsmäßig für sich selbst sorgen, oder er konnte die Aufmerksamkeit nur durch besondere Aktivitäten, durch Schönheit oder kluge Reden gewinnen.
Noch als Erwachsener verhält sich der Heather-Typ wie ein bedürftiges Kleinkind und drängt sich in den Mittelpunkt, um auf seinen Wunsch nach Liebe und Zuneigung aufmerksam zu machen.

Die Wirkung

Heather hilft, dieses selbstbezogene, fordernde Verhalten zu erkennen und Verständnis für die Bedürfnisse anderer zu entwickeln. Im positiven Heather-Zustand sind diese Menschen gute Zuhörer mit Einfühlungsvermögen und Interesse an anderen.

15. Holly – Stechpalme

Die Pflanze

Ein weißblühender Strauch oder Baum mit immergrünen Blättern ist Holly. Er wächst in Wäldern und Hecken und hat charakteristische rote Beeren.

Wem hilft Holly?

Es gibt Situationen im Leben, in denen es einem ganz heiß vor Ärger und Wut wird. Es fällt dann schwer, höflich und freundlich zu bleiben – einmal jemandem so richtig unverblümt die Meinung sagen können und dabei nicht die Form wahren müssen! Man ist so ungehalten, daß man um sich schlagen oder den anderen schlagen möchte – und es manchmal auch tut. Man kann sich einfach nicht mehr beherrschen.
Der Holly-Typ ist oft ungehalten und unbeherrscht. Außerdem überkommen ihn häufig Gefühle von Haß, Neid und Eifersucht. Diese Menschen steigern sich gedanklich in eine Situation hinein, vermuten hinter vielem Negatives, fühlen sich hintergangen, gekränkt und verletzt; deshalb reagieren sie sehr aggressiv und ungerecht.

Gefühle machen krank

Die Gefühle von Haß, Neid, Eifersucht und Schadenfreude resultieren bei ihnen aus einer Hilflosigkeit im Umgang mit den Problemen des Lebens. Probleme sollten konstruktiv gelöst werden, da sich diese Aggressivität gegen den Betroffenen selbst richtet. Negative Energien aber machen krank, solange sie im Unbewußten ablaufen.

Ungehalten, unbeherrscht? Ein falsches Wort, und Sie reagieren aggressiv? Holly verhilft Ihnen zu mehr Gelassenheit.

Die Wirkung

Es ist wichtig, die negativen Gefühle zu erkennen; in ihnen spiegeln sich die eigenen Bedürfnisse, und man muß sie loslassen lernen.
Dies gelingt im positiven Holly-Zustand. Da sich jeder Mensch von Zeit zu Zeit mit negativen Gefühlen auseinandersetzen muß, hilft die Blütenessenz Holly auch in diesen Situationen, wieder Raum für Positives und Liebevolles zu entwickeln.

Fehlt Ihnen das Interesse?

Manchmal interessiert gar nichts mehr. Das Leben, die Freunde, Familie, die Arbeit – alles ist plötzlich reizlos. Man fühlt sich lustlos, kann sich zu nichts aufraffen. Hier helfen Bach-Blüten!

Bach-Blüten in der Natur erleben

Pflanze	Blütezeit	Blütenfarbe	Standort
Agrimony	Juni – August	gelb	Felder, Böschungen, Brachland
Aspen	März – April	rötlich-graue männliche, grünliche weibliche Kätzchen	weit verbreitet, an Wegen, Flüssen
Beech	April – Mai	grüngelb	Wälder
Centaury	Juni – August	rosa	trockene Böden
Cerato	August – September	blaßblau	Gärten
Cherry Plum	Februar – April	schneeweiß	an Feldern, Plantagen
Chestnut Bud	Ende Mai – Anfang Juni	weißgelb	Wälder, Wiesen, an Alleen
Chicory	Sommer	blau	trockene Böden
Clematis	Juli – September	weiß	Kalkböden, Felder, Hecken
Crab Apple	Mai	rosa, weiß	Hecken, Dickicht, Waldlichtungen
Elm	Februar – April	rötlich	Wälder, Hecken
Gentian	August – Oktober	blau – purpur	trockene Weiden, Dünen
Gorse	Februar – Juni	gelb	trockene, steinige Böden
Heather	Juli – September	blaurosa, weiß	Heide, Moore
Holly	Frühsommer	weiß	Wälder, Hecken
Honeysuckle	Juli – August	rot, weiß	Wälder, Heide
Hornbeam	April – Mai	gelblich	Hoch-, Niederwald
Impatiens	Juli – September	blaß – rötlich malvenfarben	feuchte Böden

Pflanze	**Blütezeit**	**Blütenfarbe**	**Standort**
Larch	März – Mai	rot	an Waldrändern, Hügel
Mimulus	April – Oktober	gelb	an Bächen
Mustard	Mai – Juli	gelb	Felder, an Wegrändern
Oak	April – Mai	grün	Wälder, Wiesen
Olive	Frühling	weiß	Haine
Pine	Mai – Juni	gelb	Sandböden
Red Chestnut	Ende Mai – Anfang Juni	rosa	Wälder, Wiesen, an Alleen
Rock Rose	Juni – September	hellgelb	Kalkstein-, Kreidekalkböden
Scleranthus	Juli – September	grün	Weizenfelder, Sand-, Kiesböden
Star of Bethlehem	April – Mai	weiß	Wälder, Felder
Sweet Chestnut	Juni – August	gelblich	lockere Böden, lichte Wälder
Vervain	Juli – September	lila – malvenfarben	trockene Böden, an Wegrändern
Vine	wärmeabhängig	grün	Weingärten, Mauern
Walnut	April – Mai	grünlich	Gärten, Wiesen
Water Violet	Mai – Juni	zartlila	langsam fließendes, stehendes Gewässer
White Chestnut	Ende Mai – Anfang Juni	weißgelb	Wälder, Wiesen, an Alleen
Wild Oat	Mai – Juni	hellgrün	feuchte Wälder, an Wegrändern
Wild Rose	Juni – August	weiß, rosa	an Waldrändern, Hecken
Willow	März – Mai	gelb – orange	feuchte Böden

16. Honeysuckle – Geißblatt, Jelängerjelieber

Die Jugend ist für immer vorbei, so manche Hoffnung ist verflogen, und auch die größte Liebe hält nicht ewig. Hängen Sie der Vergangenheit nicht nach, nehmen Sie Honeysuckle, und stürzen Sie sich in das Abenteuer Zukunft!

Die Pflanze

Honeysuckle ist eine Kletterpflanze, die auf Wald- und Heideböden wächst. Sie blüht rot und weiß zwischen Juli und August.

Wem hilft Honeysuckle?

Menschen gehören zum Honeysuckle-Typ, wenn sich die Vergangenheit ständig wie ein dunkler Schatten über ihr gegenwärtiges Leben legt. Sie hängen dem Vergangenen nach und weigern sich, neue, veränderte Situationen zu akzeptieren. Z. B. trauern sie sehr oft um ehemalige Partner, Nachbarn, Freunde oder Verstorbene.
Es fällt ihnen deshalb schwer, neue Beziehungen einzugehen. Sie ziehen sich aus dem aktiven Leben zurück, und es kommt zum Verlust von Kontakten und zwischenmenschlichen Beziehungen. Oder sie trauern falschen Entscheidungen nach.

Die Wirkung

Die Blütenessenz Honeysuckle führt wieder in das Leben – in die Gegenwart – zurück. Sie hilft, Vergangenes, auch das Bedauern über vertane Chancen und Fehlentscheidungen, loszulassen und Neues zu akzeptieren. Man kann in der Gegenwart leben und ein richtiges Verhältnis zur Vergangenheit aufbauen.

17. Hornbeam – Hainbuche

Die Pflanze

Ein häufig im Hoch- und Niederwald vorkommender Baum ist Hornbeam. Die männlichen Blüten hängen, die weiblichen Blüten stehen aufrecht. Sie blühen in den Monaten April und Mai.

Wem hilft Hornbeam?

Wenn Sie sich morgens am liebsten die Decke über den Kopf ziehen möchten, weil Sie glauben, die täglichen Routinearbeiten zu Hause oder im Beruf nicht mehr bewältigen zu können, dann ist Hornbeam angezeigt.

- Obwohl man keine körperlichen Probleme hat, fühlt man sich ausgelaugt und erschöpft, da sich die alltäglichen Aufgaben zu einem unüberwindlichen Berg auftürmen.
- Dinge, die wie nebenbei verrichtet werden könnten, erscheinen nun wie Schwerstarbeit.
- Man beginnt plötzlich, an sich selbst zu zweifeln, im Beruf oder im Privatleben.

Wenn Sie befürchten, bei den Anforderungen, die man an Sie stellt, zu versagen, dann ist Hornbeam wahrscheinlich die richtige Bach-Blüte für Sie.

Alles geschafft – trotzdem unzufrieden

Aber abends ist meist alles zufriedenstellend erledigt, und man fühlt sich weniger müde als morgens. Häufig hat man sich im Laufe der Zeit zuviel aufgeladen und dies nicht bemerkt oder nicht bemerken wollen. Oder man ist durch jahrelange Routine ermüdet; es haben viele Aktivitäten stattgefunden, aber man fühlt sich psychisch nicht befriedigt.
Am liebsten möchte man alles hinwerfen, sich zurückziehen, um wieder neue Kräfte zu sammeln. Diese Müdigkeit läßt aber sofort nach, sobald etwas außerhalb dieser Routine geschieht, wie z.B. überraschender Besuch von Freunden.

Die Wirkung

Die Blütenessenz Hornbeam gleicht das Energiedefizit wieder aus und gibt Kraft für die täglichen Aufgaben. Das Vertrauen in die eigene Leistungsfähigkeit kehrt zurück und gibt neuen Auftrieb.

18. Impatiens – Drüsentragendes Springkraut

Die Pflanze

Impatiens wird bis zu 180 Zentimeter hoch und wächst auf feuchten Böden, an Flüssen und Kanalufern. Sie blüht von Juli bis September blaß oder rötlich malvenfarben.

Wem hilft Impatiens?

»Das mach' ich lieber selbst!« Kommt Ihnen dieser Spruch bekannt vor? Dann nehmen Sie Impatiens, und lernen Sie, Arbeit zu delegieren, statt sich zu überfordern.

Ungeduld, Gereiztheit, Nervosität – das sind die Hauptmerkmale für den Impatiens-Typ. Man denkt schneller, als man in Worte fassen und artikulieren kann. Man verhaspelt sich daher leicht. Zudem ist man ungeduldig mit anderen, die langsamer sprechen, und beendet ungeduldig die Sätze der anderen. Der Impatiens-Typ reagiert schnell und erwartet dies auch von seiner Umwelt.
Aufgaben zu delegieren ist nicht seine Stärke, denn bevor er etwas langwierig erklären muß, macht er es lieber selbst. Alles geht ihm zu langsam, er hastet ungeduldig durch das Leben. Der Impatiens-Typ bringt leicht Unruhe in eine Gruppe, da er sich auffallend hektisch bewegt. Er neigt auch dazu, in extremen Situationen zu explodieren; dieser Wutausbruch ist aber genauso schnell vorüber, wie er entstanden ist.

Die Wirkung

Die Blütenessenz Impatiens baut die innere Ungeduld dieser Menschen ab und läßt ihre Gereiztheit verschwinden. Sie sind dann wieder in der Lage, geduldiger mit sich und den anderen umzugehen.

Die Hainbuche, auf englisch Hornbeam, steht in Hoch- und Niederwäldern; sie blüht gelblich im April und Mai.

19. Larch – Lärche

Die Pflanze

Die Lärche ist ein bis zu 30 Meter hoher Baum, bei dem männliche und weibliche Blüten auf einem Baum wachsen. Sie blüht, wenn die ersten Nadeln hellgrün sichtbar werden.

Wem hilft Larch?

Erfolg betrachtet der Larch-Typ aus der Ferne. Er glaubt, niemals Erfolg haben zu können, da er von seiner eigenen Unfähigkeit zutiefst überzeugt ist. Diese Menschen haben einen tiefsitzenden Minderwertigkeitskomplex und erwarten ständig Fehlschläge, sei es beruflich, privat, das Aussehen betreffend usw. Sie trauen sich überhaupt nichts zu.

Negativ programmiert

Durch diese negative Grundeinstellung programmieren sie sich selbst auf Mißerfolg, der dann erwartungsgemäß eintritt. Sie schlagen wohlgemeinte Einladungen aus, nehmen berufliche Chancen

Malvenfarben blüht Impatiens, das Drüsentragende Springkraut. Die knapp zwei Meter hoch wachsende Pflanze steht an Flüssen und Kanalufern.

Wer kennt nicht die Lärche mit ihren hellgrünen Nadeln im Frühling! Aus den roten Blüten wird die Bachsche Blütenessenz Larch gewonnen.

oder Beförderungen nicht wahr. Sie verkriechen sich deshalb gern zu Hause, um die Möglichkeit zu umgehen, sich zu blamieren.

Oft werden sie ausgenutzt; sie erledigen die Arbeit, sind zuverlässig, und die anderen ernten die Lorbeeren. So geraten sie in einen ständigen Kreislauf von Frustrationen, da sie ohnehin an vergangenen Fehlschlägen festhalten.

Die Wirkung

Die Blütenessenz Larch unterstützt das Bemühen, die Angst vor dem Versagen loszulassen. Es fällt leichter, die eigenen Grenzen zu erkennen und sich selbst so zu akzeptieren, wie man ist. Jeder Mensch hat Stärken und Schwächen. Zu den eigenen Schwächen offen zu stehen und seine Stärken bewußt zu betonen – das ist Selbstbewußtsein. Nie-

Fühlen Sie sich einsam?

An manchen Tagen fühlt man sich, als wäre man allein auf der Welt. Keiner meldet sich, das Telefon klingelt nicht, der Briefkasten ist leer. Und man selbst weiß auch nicht, an wen man sich wenden könnte. Besonders schlimm ist dieses Gefühl nach der Trennung von einem geliebten Menschen, nach dem Tod eines Nahestehenden … Lassen Sie sich nicht in das schwarze Loch der Einsamkeit ziehen! Analysieren Sie Ihren Zustand, die Ursachen, und nehmen Sie die geeigneten Bach-Blüten.

mand besteht nur aus Stärken. Schwächen sind sehr wichtig, um sich weiterzuentwickeln. Nobody is perfect – glücklicherweise! Larch hilft, Situationen richtig zu beurteilen und die Dinge realistisch anzugehen.

20. Mimulus – Gefleckte Gauklerblume

Die Pflanze

Mimulus ist eine ca. 30 Zentimeter hohe Pflanze mit gelben Blüten, die aus England stammt. Sie wächst auf feuchtem Boden.

Wenn Angst das Leben beherrscht und die Lebenslust hemmt, hilft Mimulus. Die Pflanze wächst an Ufern klarer Flüsse und Bäche.

Wem hilft Mimulus?

Angst ist für Mimulus-Typen ein unheimliches Gefühl. Die Angst lähmt und hemmt die Lebensentfaltung. Mimulus ist daher die ideale Bach-Blüte bei konkreten, spezifischen Ängsten und Phobien:

- Angst zu versagen
- Angst, sich zu blamieren oder nicht beliebt zu sein
- Angst, verlassen zu werden

Aber auch die Angst, krank zu werden oder einen Unfall zu erleiden, heilt Mimulus; ebenso die Angst vor bestimmten Menschen und Autoritäten, wie z. B. dem Vater, dem Lehrer, dem Chef; die Angst, allein im Haus zu bleiben, die Angst bei Gewitter und vor bestimmten Tieren; die Angst, arbeitslos zu werden, die Existenzgrundlage zu verlieren, und die Angst, sexuell zu versagen.

Angst lähmt und macht vorsichtig

Die Mimulus-Typen haben konkrete Ängste, welche die Betroffenen benennen können. Sie sind aus vorangegangenen Erfahrungen und Erlebnissen entstanden. Diese Ängste stecken im Kopf, da sie sich gedanklich ständig mit Situationen, die sie befürchten, auseinandersetzen und das Negative erwarten. Wenn jemand z. B. Angst vor Aufzügen hat und nur daran denkt, morgen einen betreten zu müssen, dann wird augenblicklich Angst aufsteigen. Die Angst lähmt, blockiert die Gedanken und schnürt die Kehle zu. Angst verschlägt die Sprache und den Appetit.

Angst ist jedoch eine wichtige Erfahrung, da sie uns andererseits

Angst zu versagen; Angst, sich zu blamieren; Angst, einsam und ungeliebt zu sein – das muß nicht sein. Probieren Sie Mimulus, die Gefleckte Gauklerblume.

auch schützen kann. Wenn wir Angst vor gefährlichen Situationen haben, so werden wir vorsichtiger sein, damit wir keinen Schaden erleiden.

Die Wirkung

Ständige Angst vor allem und jedem macht krank. Diese Angst zu überwinden, d.h., sich ihr oder den angstmachenden Situationen zu stellen, ist der wichtigste Schritt, um wieder mehr Lebensfreude empfinden zu können. Mit den dann erst möglichen positiven Erlebnissen und Erfolgen kann die Angst ständig weiter reduziert werden.

Die Blütenessenz Mimulus hilft, den konkreten Angstblock aufzulösen und gelassener zu werden. Situationen können besser eingeschätzt werden, und man reagiert sicherer.

Die Lärche, auf englisch Larch, blüht von März bis Mai; Sie finden sie an Waldrändern und auf Hügeln.

21. Mustard – Wilder Senf

Die Pflanze

Mustard ist eine bis zu 60 Zentimeter hohe Pflanze mit gelben Blüten, die auf Feldern und an Wegrändern wächst. Die Blütezeit ist Mai bis Juli.

Wem hilft Mustard?

Der negative Mustard-Zustand äußert sich in plötzlicher Traurigkeit und Schwermut, die sich wie eine schwarze Wolke aus heiterem Himmel auf die Menschen niedersenken. Das Leben erscheint sinnlos, und eine unsichtbare Bürde lastet auf ihnen. Ein Gefühl von Sinnlosigkeit breitet sich aus. Sie fühlen sich müde und antriebslos, sie lassen alles passiv über sich ergehen.

Die Gefleckte Gauklerblume, Mimulus, wird nur etwa 30 Zentimeter groß und wächst auf feuchten Böden. Sie blüht gelb von April bis Oktober.

Der Anlaß dieser meist nur vorübergehenden Depression ist den Betroffenen nicht bewußt. Dadurch wird das Ganze noch unerträglicher, da sie nicht wissen, an welchem Punkt sie ansetzen sollen und welches Problem gelöst werden muß.

Die Wirkung

Diesen Menschen, die unter vorübergehenden Perioden tiefster Traurigkeit leiden, deren Ursache unbekannt ist, hilft die Blütenessenz Mustard, wieder Licht in ihren Alltag zu bringen. Die Depression verschwindet, Vitalität und Lebensfreude kehren zurück.

22. Oak – Eiche

Die Pflanze

Die Eiche ist ein Zwitterblütler, männliche und weibliche Blüten befinden sich also auf einem Baum. Sie blüht von April bis Mai. Man findet sie in Wäldern und einzeln auf Wiesen.

Wem hilft Oak?

Die Eiche ist ein großer, starker Baum. Dieser Baum besitzt Kraft und Vitalität. Der Oak-Typ, ebenfalls sehr stark, ist ein absoluter Kämpfer. Er erreicht alle seine Ziele und besitzt großes Durchhaltevermögen. Er verfolgt geradlinig seinen Weg und läßt sich auch von Rückschlägen nicht entmutigen.

Verantwortungsbewußt bis an die eigenen Grenzen

Oak ist der englische Name für die Eiche. Die Bachsche Essenz aus den grünen Blüten stärkt das Durchhaltevermögen.

Diesen Menschen werden oft sehr große, verantwortungsvolle Aufgaben übertragen. Sie sind äußerst diszipliniert und zuverlässig. Für ihre Umwelt haben sie Vorbildfunktion, weil sie sich den Herausforderungen stellen. Sie haben sich und ihre Gefühle immer unter Kontrolle und lassen sich nie anmerken, wenn es ihnen schlechtgeht. Sie sind in der Lage, schwere Krankheiten zu überstehen, da sie einen starken Willen besitzen und hart zu sich selbst sein können.
Dadurch mutet sich der Oak-Typ andererseits oft zuviel zu; und da diese Menschen bis an ihre Leistungsgrenze gehen, kommt es manchmal zur totalen Erschöpfung. Sie fühlen sich müde und er-

schöpft, machen aber trotzdem weiter, und so kommt es zu psychischen und körperlichen Erkrankungen. Erst durch einen Zusammenbruch werden sie gezwungen kürzerzutreten.

Die Wirkung

Für alle Erschöpfungszustände und Niedergeschlagenheit ist die Blütenessenz Oak sehr hilfreich. Sie mobilisiert die Kräfte und gibt Vitalität zurück. Oak hilft, den sinnvollen Einsatz der Energien zu kontrollieren, sorgt für die nötige Balance und verhindert, daß man sich völlig verausgabt.

23. Olive – Olive

Die Pflanze

Der Olivenbaum ist im mediterranen Raum beheimatet; er besitzt weiße Blütenstände. Je nach Standort blüht er im Verlauf des Frühlings.

Bei totaler körperlicher oder psychischer Erschöpfung nach langer Krankheit oder starker beruflicher Belastung hilft Olive Ihnen, Lebenskraft und -freude zurückzugewinnen.

Wem hilft Olive?

Ständiges Schlafbedürfnis und immerwährende Müdigkeit kennzeichnen den negativen Olive-Zustand. Totale Erschöpfung, psychisch oder körperlich, läßt keinerlei Lebensfreude mehr aufkommen. Die täglichen Routinearbeiten werden immer anstrengender und schwieriger. Man sehnt sich nach einer langen Erholungspause, einfach einmal nichts denken und tun zu müssen. Es geht über die Kräfte, sich jeden Tag neu aufzuraffen, um das Nötige zu tun. Mit einem gewissen Abstand und nach einiger Zeit können die Betroffenen wieder ins Gleichgewicht kommen.
Diese negativen Olive-Zustände kennt man nach langen kräftezehrenden Aufbauphasen im Beruf, länger andauernden privaten Auseinandersetzungen und Trennungen sowie nach schweren Krankheiten.

Die Wirkung

Die Blütenessenz Olive unterstützt dabei, eine positive Wende in diesen Erschöpfungskreislauf zu bringen. Die Situation bessert sich.

Man fühlt sich in der Lage, neu zu beginnen und anstehende Dinge zu regeln. Außerdem verhilft Olive zu einer Veränderung: Man wird sich bewußter, warum man sich so verausgabt hat, und kann damit wertvolle Erkenntnisse für eine positive Zukunft gewinnen.

24. Pine – Schottische Kiefer

Die Pflanze

Fühlen Sie sich immer verantwortlich? Für den Partner, die Kinder, die Eltern, die Firma? Das ist zuviel! Lernen Sie mit Pine die eigenen Grenzen kennen.

Ein bis zu 30 Meter hoher Baum ist die Schottische Kiefer; er wächst auf sandigen Waldböden. Die männlichen und weiblichen Blüten sind voller gelber Pollen. Man findet die prächtigen Bäume in der Heide und in Wäldern.

Wem hilft Pine?

Schuldgefühle haben Pine-Typen in allen Lebenslagen. Man fühlt sich verantwortlich für alles Negative, das um einen herum geschieht. Man ist unzufrieden mit den eigenen Leistungen und findet, man hätte vieles besser machen können.
Bei Problemen mit anderen fühlt man sich schuldig, nicht richtig gehandelt oder reagiert zu haben. Man fühlt sich verantwortlich, wenn in der Firma etwas schiefgelaufen ist. Man scheut davor zurück, sich von einem intriganten, unzuverlässigen Mitarbeiter zu trennen; einen Lebenspartner, der einen unglücklich macht, zu verlassen; den Kontakt zu einer besitzergreifenden, egoistischen Mutter zu lösen; seine wirklichen Interessen zu vertreten; einmal nein zu sagen.

Schuldgefühle machen krank

Immer sucht man die Verantwortlichkeit bei sich selbst. Durch diese ständigen Schuldgefühle zermürbt, traut man sich nichts mehr zu und verliert die Lebensfreude. Dies führt zu einer Kette von Mißerfolgen. Die Einstellung, den eigenen hohen Ansprüchen nicht genügen zu können, führt im Laufe der Zeit auch zu Erkrankungen.

Die Wirkung

Die Blütenessenz Pine macht freier und gelöster, indem sie von Schuldgefühlen befreit. Das Leben wird wieder leichter, weil alle

Handlungen frei geschehen können und nicht mehr aus einer Verpflichtung heraus. Man kann Schuldgefühle loslassen und sich selbst vergeben. Man empfindet Kraft und Sicherheit, um das eigene Verhalten unabhängiger zu gestalten.

25. Red Chestnut – Rote Kastanie

Die Pflanze

Ein weitverbreiteter Alleebaum mit rosaroten Blüten ist die Rote Kastanie. Sie blüht Ende Mai bis Anfang Juni.

Wem hilft Red Chestnut?

Menschen, die Red Chestnut brauchen, sorgen sich permanent und übermäßig um andere. Sie erwarten immer das Schlimmste. Sie haben Angst vor allem und sehen immer schwarz. Sie sorgen sich um die Gesundheit ihrer Kinder und befürchten ständig, ihnen könnte etwas zustoßen. Bei Reisen mit dem Auto oder Flugzeug malen sie sich die größten Katastrophen aus. Sie sorgen sich permanent um das Wohl anderer und vernachlässigen sich dabei selbst.

Mustard, der Wilde Senf, blüht gelb von Mai bis Juli an Feldern und Wegrändern. Die daraus gewonnene Blütenessenz hilft in negativen Momenten.

Beaufsichtigung und Sorge schwächen

Leben bedeutet lernen, und dabei bekommt man zwangsläufig Blessuren ab.

Mit ihrem Verhalten möchten sie alles Unheilvolle und alle Probleme von den anderen geliebten Menschen fernhalten. Diese ständige Sorge macht sie selbst krank und überfordert alle Betroffenen, die sich ständig kontrolliert fühlen. Dies belastet natürlich sehr stark. Außerdem ermutigt die Erwartung von Fehlschlägen nicht.
Wenn durch die übertriebene Angst der Mutter das Kind nicht in der Lage ist, seine eigenen Erfahrungen angstfrei und ohne Zweifel zu machen, dann kann auch kein Lerneffekt einsetzen. Außerdem empfindet ein Kind die Unsicherheit der Mutter als mangelndes Vertrauen in seine eigenen Fähigkeiten.

Die Wirkung

Die Blütenessenz Red Chestnut hilft, Vertrauen in die eigene Person zu finden; dadurch wird verhindert, daß die persönlichen Ängste auf die Umwelt übertragen werden. Man ist gelöster und souveräner im Umgang mit den anderen. Man bekommt die Kraft zu erkennen, daß sich hinter der übertriebenen Sorge um andere Probleme mit sich selbst verstecken. Jetzt ist es möglich zu erkennen, daß man andere auch aus der Ferne in Gedanken positiv begleiten kann und die eigenen Ängste aufgearbeitet werden müssen.

Reagieren Sie übersensibel auf äußere Einflüsse?

Probleme, Streitereien
Agrimony

Anderen dienen wollen
Centaury

Übersensibilität

Gegen Beeinflussung
Walnut

Negative Gedanken
Holly

26. Rock Rose – Sonnenröschen

Die Pflanze

Rock Rose ist eine Blume, die auf Kalkstein und Kreidekalk wächst. Sie blüht zwischen Juni und September gelb.

Geraten Sie schnell in Angst, in Panik? Fürchten Sie, dem Leben hilflos ausgesetzt zu sein? Rock Rose, das Sonnenröschen, schenkt Ihnen Gelassenheit.

Wem hilft Rock Rose?

Gefühle extremer Panik kennzeichnen den negativen Rock-Rose-Zustand. Äußerst akute Bedrohungen, psychisch und auch körperlich, werden durch Ausnahmezustände ausgelöst und manifestieren sich in kritischen Situationen, denen man hilflos ausgesetzt ist. Rock-Rose-Zustände sind wirklich sehr ernste, lebensbedrohliche Situationen. Oder es kann sein, daß man sich um das Leben Nahestehender sorgt. Solche Situationen sind z.B. Unfälle, Naturkatastrophen, schwere Operationen oder Geburten. Rock Rose kennzeichnet Todesängste.
Die Angst macht hilflos und bewegungsunfähig, man ist wie gelähmt, empfindet blankes Entsetzen. Diese Symptome treten auch auf, wenn anderen etwas geschieht und man nur Zeuge des Geschehens ist. Der negative Rock-Rose-Zustand tritt nur vorübergehend auf.

Die Wirkung

Die Blütenessenz Rock Rose beruhigt in akuten Krisensituationen und hilft, die beklemmenden Empfindungen zu lösen. Man ist wieder seinen Aufgaben gewachsen und steht diese Schocksituationen gelassener durch.

27. Rock Water – Quellwasser

Wem hilft Rock Water?

Es gibt Menschen, die geradezu ein Vorbild an Selbstdisziplin sind. Sie leben getreu ihren Prinzipien und weichen keinesfalls von ihnen ab. Stets überpünktlich, immer korrekt gekleidet und beherrscht, sind sie die idealen Vertreter des Rock-Water-Typs.

- Sie leben nicht nur sehr diszipliniert, sondern ernähren sich auch vorbildlich.
- Sie wissen genau, was dem Körper zuträglich ist.

Rock Water, zu deutsch Quellwasser, ist als einziges Heilmittel von Dr. Bach keine Blütenessenz oder Blütenmischung, sondern reines Wasser aus heilkräftigen Quellen.

- Auch regelmäßige, dem Körper angepaßte Übungen oder Meditation und Yoga kommen bei ihnen nicht zu kurz.
- Diese Menschen haben sehr hohe Ansprüche an sich selbst und erwarten diese Perfektion meist auch von ihrer Umwelt.
- Sie investieren all ihre Energie in ihre Vorhaben und kasteien sich auf dem Weg zu ihrem Ziel, wenn es nötig ist.
- Sie sind deshalb streng und unnachgiebig in der Verfolgung ihrer Vorhaben.
- Durch diese starke Kontrolle und Selbstbeherrschung sind sie sehr stark angespannt, und die Psyche kommt bei ihnen viel zu kurz.
- Freude und Spontaneität können sich nicht entfalten.

Die Wirkung

Rock Water, das reine Wasser aus den Heilquellen, löst und entspannt. Es wirkt einer ständigen Unterdrückung von persönlichen Bedürfnissen entgegen. Rock Water verhindert, einzelne, bestimmte Dinge nicht mehr loslassen zu können, und öffnet die Sinne für die Vielfältigkeit des Lebens. Durch diese gelockerte Einstellung zu sich und der Umwelt werden auch die Mitmenschen nicht mehr so stark unter Druck gesetzt.

28. Scleranthus – Einjähriger Knäuel

Die Pflanze

Scleranthus ist eine fünf bis 70 Zentimeter hohe Pflanze mit grünen Blüten, die in Weizenfeldern und auf Sand bzw. Kiesböden wächst. Sie blüht von Juli bis September.

Wem hilft Scleranthus?

Nichts ist unangenehmer als Menschen, auf die man sich nicht verlassen kann: Heute diese Meinung, morgen eine total konträre Meinung. Der Scleranthus-Typ ist gekennzeichnet von einer starken Wechselhaftigkeit in allen Bereichen. Absolut unstet in seinen Meinungen und in seinen Handlungen ist er. Sehr wechselhaft zeigt er sich bei seinen Entscheidungen und in seinen Freundschaften.

Mehrere Dinge werden oft gleichzeitig gemacht, viele Dinge werden begonnen und nicht beendet, da sie nicht mehr interessieren. Durch ihre innere Sprunghaftigkeit sind diese Menschen unkonzentriert, leicht ablenkbar, oberflächlich und orientierungslos.

Die Wirkung

Die Blütenessenz Scleranthus ist dann anzuwenden, wenn man das innere Gleichgewicht verloren hat, wenn zu viele Gedanken und Ideen im Kopf kreisen und man unentschlossen in seinen Entscheidungen ist. Die Entscheidungsfähigkeit wird erleichtert, Beständigkeit und Konzentrationsfähigkeit werden gefördert. Scleranthus erweitert das Bewußtsein und führt die Menschen zu sich selbst.

29. Star of Bethlehem – Doldiger Milchstern

Die Pflanze

Eine 15 bis 30 Zentimeter hohe Blume ist der Star of Bethlehem, mit weißen Blüten, die außen grüne Streifen haben; er ist mit der Zwiebel und dem Knoblauch verwandt. Blütezeit ist April bis Mai – aber nur bei sonnigem Wetter.

Wem hilft Star of Bethlehem?

Es gibt Dinge und Situationen, die zutiefst erschüttern und verletzen. Es sind Ereignisse, die täglich geschehen können, und solche, die wie ein streng gehütetes Geheimnis längst zurückliegen oder tief im Inneren verdrängt wurden. Schockerlebnisse können große Streitigkeiten, Unfälle, Todesfälle, Trennungen in der Partnerschaft sein. Auch verbale Attacken, Kündigungen, Krankheiten und Mißerfolge zählen dazu. Diese Umstände erzeugen, wenn sie nicht verarbeitet werden, Angst, Lähmung und schlechte Träume.

Auseinandersetzungen, Unfälle oder gar der Tod eines geliebten Menschen können einen Schock auslösen. Star of Bethlehem hilft bei der Verarbeitung.

Die Wirkung

Schockerlebnisse und nicht verarbeitete Geschehen sitzen tief in uns und müssen bewußt verarbeitet, anstatt verdrängt werden. Die

Blütenessenz Star of Bethlehem hilft, diese Dinge ans Licht zu bringen und zu verarbeiten. Das Leben wird wieder harmonischer, da Star of Bethlehem Sorgen und psychische Schmerzen lindert, auch wenn die Ursachen dafür in der Vergangenheit liegen. Wut, Haß und Verzweiflung weichen einem neuen Bewußtsein – mehr Lebensenergie, Liebe und Vergebung werden möglich.

30. Sweet Chestnut – Edelkastanie

Die Pflanze

Bis zu 20 Meter hoch wächst die Edelkastanie. Sie gedeiht auf lockeren Böden und braucht Licht. Sie blüht zwischen Juni und August.

Wem hilft Sweet Chestnut?

Verzweifelt, ohne Hoffnung – aber dennoch ein fröhliches Gesicht für die Umwelt? Stehen Sie zu Ihrem Problem, und schöpfen Sie mit Sweet Chestnut wieder Hoffnung.

Es ist der Punkt erreicht, an dem man sich vollkommen verzweifelt und hoffnungslos fühlt. Es gab eine Kettenreaktion von schweren Schicksalsschlägen, eins kam zum anderen. Man ist zwar stark und kämpft, aber irgendwann ist die Belastungsgrenze erreicht, und man kann nicht mehr. Das Ausmaß des Leidens ist zu groß. Jede Hoffnung ist dahin.

Gleichzeitig ist man aber bestrebt, die Verzweiflung gegenüber der Umwelt zu verbergen. Man kann in dieser verzweifelten Situation nicht einmal mehr weinen, die Tränen sind versiegt. Das Ende ist erreicht, denn man hat alles, was einem lieb und teuer war, verloren. Man dachte, man sei Herr seines Schicksals, doch die Schicksalsschläge waren stärker.

Die Wirkung

Wenn man mit dem Rücken zur Wand steht, keinen Ausweg mehr sieht, dann hilft die Blütenessenz Sweet Chestnut, wieder Kraft und Hoffnung zu schöpfen.

- Sweet Chestnut bewahrt davor, immer stark sein zu wollen und sich keine Schwächen zuzugestehen.
- Schwäche zu zeigen kann andererseits aber auch eine große Stärke sein, die verhindert, daß man sich zuviel aufbürdet und unter dieser Last später zusammenzubricht.

Der negative Sweet-Chestnut-Zustand ist eine bittere Lektion im Leben, aus dem man stärker und gereift hervorgeht. Ohne Rückschritt kein Fortschritt. Die Blütenessenz Sweet Chestnut leitet wichtige Entwicklungsschritte ein und ermöglicht Ihnen neue Wege.
Man neigt dazu, den negativen Sweet-Chestnut-Zustand rational verstehen zu wollen, durch Nachgrübeln gedanklich erfassen zu können, warum diese Tragödie passieren konnte. Es funktioniert nicht! Man kann nur versuchen, einen Weg aus der bedrückenden Verzweiflung zu finden.

Wer kurz vor dem Zusammenbruch steht, sich zuviel aufgebürdet hat und nun keinen Ausweg mehr sieht, sollte Sweet Chestnut ausprobieren. Diese Blütenessenz verspricht neue Hoffnung.

Fehlt der Mut? Sind Sie verzweifelt?

An manchen Tagen will nichts gelingen. Der Mut weicht, Sie fühlen sich plötzlich kraftlos und verzweifelt. Fehlschläge dürfen nicht als selbstverständlich hingenommen werden; aber muten Sie sich andererseits auch nicht zuviel zu! Wer sich überfordert, kann krank werden. Hier helfen im Vorfeld ausgewählte Bach-Blüten.

31. Vervain – Eisenkraut

Die Pflanze

Die 60 Zentimeter hohe Pflanze mit lila bis malvenfarbenen Blüten blüht zwischen Juli und September auf trockenen Böden.

Wem hilft Vervain?

Keiner kann Sie bremsen, alles schaffen Sie allein, niemals geben Sie auf. Ehrgeiz und eigene Kraft sind bewunderns-wert, aber überfordern Sie sich nicht.

Der Vervain-Typ wird von seiner Umwelt meist bewundert, weil er sehr viel Power besitzt. Diese Menschen setzen sich, mit geradezu missionarischem Eifer, für eine Sache ein. Haben sie sich erst einmal etwas vorgenommen, dann sind sie durch nichts und niemanden aufzuhalten. Wenn sie etwas anfangen, dann widmen sie sich dieser Angelegenheit mit aller Konsequenz. Aufgeben kommt unter keinen Umständen in Frage!

Aufgedreht bis an die Grenzen

Ihre Begeisterungsfähigkeit wirkt auf ihre Umwelt geradezu ansteckend. Je intensiver die Aufgaben sind, desto aufgedrehter ist der Vervain-Typ. Deshalb merkt er nicht, wie er sich verausgabt und über seine Kräfte hinausgeht. Der Vervain-Typ befindet sich ständig auf dem Sprung und ist nicht mehr in der Lage, sich zu entspannen. Dies führt zu Verspannungen und Verkrampfungen. Außerdem verhält er sich seiner Umwelt gegenüber oft intolerant, und seine Begeisterungsfähigkeit kann an Fanatismus grenzen.

Die Wirkung

Vervain hilft, die Kräfte sinnvoller einzusetzen und die Energien effektiver zu entwickeln. Vervain sorgt für die Balance im Kräftehaushalt und führt zu entspannterem Umgang mit den Mitmenschen.

32. Vine – Weinrebe

Die Pflanze

Die Weinrebe ist eine Rankpflanze, die bis zu 15 Meter hoch wächst. Die Blütezeit ist von der Wärme abhängig. Die Blüten sind grün und duften.

Wem hilft Vine?

Starke Führungspersönlichkeiten, Patriarchen bis hin zu den kleinen Tyrannen in Beruf und Privatleben kennzeichnen den Vine-Typ. Diese Menschen sind selbstbestimmt, sehr selbstbewußt und selbstgerecht. Sie wissen genau, was sie wollen und wie andere sich zu verhalten haben. Sie besitzen eine sehr starke Willenskraft und beharren darauf, daß sich alle nach ihnen richten. Da sie sehr dominant sind, interessiert sie die Meinung ihrer Umwelt nicht, sie setzen ihren Führungsanspruch in jedem Fall durch. Ihr Wille ist unbeugsam und streng. Sie erwarten, daß sich alle unterordnen.

Kritisieren dürfen nur Vine-Typen

Kritik sind sie nicht gewohnt und akzeptieren sie auch nicht, denn sie halten sich für unfehlbar. Deshalb zieht sich ihre Umwelt lieber zurück, anstatt ihnen zu widersprechen oder Kritik zu üben. Dadurch gehen der wichtige zwischenmenschliche Kontakt und der lebendige Austausch von unterschiedlichen Meinungen verloren.

Grün blüht die Eiche, auf englisch Oak, in den Monaten April und Mai auf Wiesen und in Wäldern. Die Eiche ist ein Zwitterblütler.

Die Wirkung

Die Blütenessenz Vine hilft, die aus dem Gleichgewicht geratene Balance zwischen einem zu harten und einem zu weichen Charakter wieder in das richtige Gleichgewicht zu bringen. Damit ist es möglich, die eigenen starken Führungsqualitäten nicht mehr zur Unterdrückung anderer einzusetzen, sondern ihnen zu helfen, den eigenen Weg zu finden. Vine hilft, verständnisvoll und nachsichtig mit den menschlichen Schwächen umzugehen – aufzubauen statt zu zerstören. Lediglich die natürliche Autorität wird auf diesem Weg ausgedrückt.

33. Walnut – Walnuß

Die Pflanze

Dieser bis zu 30 Meter hohe Baum ist ebenfalls ein Zwitterblütler, d.h., männliche und weibliche Blüten wachsen auf einem Baum. Die Blüten sind grünlich und öffnen sich im April und Mai. Man findet Walnußbäume an Wegrändern und in Gärten.

Wem hilft Walnut?

Selbstverwirklichung ist schon bei Jugendlichen ein begehrtes Lebensziel, und es begleitet die meisten ein Leben lang. Walnut kann dabei unterstützen.

Wenn sich Menschen weitgehend selbst verwirklichen können, dann sind sie frei und fühlen sich glücklich. Wenn sie eingeengt oder unterdrückt werden, dann fühlen sie sich unglücklich und werden krank. Gerade heutzutage wird der Selbstverwirklichung des einzelnen ein sehr hoher Stellenwert zuerkannt. Sie wird höher eingestuft als ein hohes Einkommen.

- Beispiele dafür gibt es genügend, wonach Menschen hochdotierte Stellungen aufgaben, um irgendwo ein völlig neues Leben zu beginnen, mit einem Beruf, der sie mehr ausfüllt, aber weniger einbringt.
- Es gibt auch viele Beispiele von Männern und Frauen, die den langjährigen ungeliebten Partner verließen, obwohl sie ein sehr gutes Leben führten – finanziell unabhängig, gesellschaftlich angesehen –, um zusammen mit ihrer großen Liebe, mit geringerem wirtschaftlichen Hintergrund, ein für sie glücklicheres und erfüllteres Leben zu führen.

Kurz vor der Veränderung

Gerade in Umbruchsphasen des Lebens, wenn man weiß, man will und muß etwas verändern, braucht man die Blütenessenz Walnut, denn diese Lebensphasen sind von sehr starken emotionalen Spannungen begleitet. Man ist ständig hin und her gerissen, zwischen den alten liebgewordenen Gewohnheiten und Bindungen und dem Neuen, auf das man sich freut. Aber noch wagt man nicht, den entscheidenden Schritt zu tun. Diese Phasen sind sehr quälend. Man muß seinen Weg finden – allein. Man fühlt sich von den unterschiedlichen Meinungen der anderen stark verunsichert und läuft Gefahr, die geplanten Entscheidungen nicht zu verwirklichen.

Stehen Sie problematische Umbruchsituationen oder einen Neuanfang nicht ohne Hilfe durch. Walnut schenkt Ihnen Kraft.

Die Wirkung

Walnut hilft, die innere Sicherheit wiederzugewinnen, um unabhängig und unbeeinflußt von anderen die richtigen Entscheidungen realisieren zu können. Sie unterstützt auch, sich aus Bindungen zu lösen, und hilft bei Schwierigkeiten, die die Übergänge der Lebensphasen mit sich bringen – z. B. Pubertät, Menopause, Ruhestand.

34. Water Violet – Sumpfwasserfeder

Die Pflanze

Water Violet wächst mit zartlila Blüten in langsam fließenden und stehenden Gewässern. Die Blütezeit ist Mai und Juni.

Wem hilft Water Violet?

Kontaktarmut ist der Hauptschwerpunkt im negativen Water-Violet-Zustand. Innere Reserviertheit und ständige Zurückhaltung der Gefühle führen zu einem Mangel an mitmenschlichen Kontakten. Da der Water-Violet-Typ alles mit sich selbst ausmacht, wirkt er auf seine Umwelt unnahbar und distanziert. Manchmal drückt er damit auch seine Gefühle von Stolz und Überlegenheit aus.

Intelligent, aber arrogant

Und da die meisten mit arroganten Menschen lieber nichts zu tun haben möchten, gehen sie auf Distanz. Ganz unrecht haben die anderen mit ihrer Einschätzung nicht, denn der Water-Violet-Typ sieht oftmals auf seine Umwelt herab – sei es, weil er Standesunterschiede bemerkt oder die anderen nicht für gleichwertig hält, da er meistens tatsächlich überdurchschnittliche Fähigkeiten besitzt. Er wird seine Meinung nie in Worte fassen, aber seine Körpersprache dokumentiert diese Einstellung. Er behält seine Gefühle und Gedanken für sich und kapselt sich mit reserviertem Stolz ab.

Zurückgezogen, isoliert, einsam? Schüchternheit und Kontaktarmut können das Leben unnötig einschränken. Hier hilft Water Violet.

Die Wirkung

Da der negative Water-Violet-Zustand wirklich einsam und traurig macht, sollte etwas dagegen unternommen werden. »Hochmut kommt vor dem Fall«, so heißt ein altes Sprichwort. Der geheime Stolz kann auf ein vernünftiges Maß reduziert werden, die Erstarrung wird gelöst und die Unnahbarkeit ausgeglichen.

Sorgen Sie sich zu sehr um andere?

Wenn quälende Gedanken stets um andere kreisen, wenn Sie sich vor Sorgen um ein Problemkind in der Familie oder im Freundeskreis auf einmal nicht mehr auf das eigene Leben konzentrieren können, dann sind die Sorgen übertrieben.

35. White Chestnut – Weiße Kastanie, Roßkastanie

Die Pflanze

Die Weiße Kastanie, auch Roßkastanie genannt, ist ein Baum mit weißgelben männlichen und weiblichen Blüten. Er blüht Ende Mai bis Anfang Juni. Aus den Knospen des gleichen Baums wird Chestnut Bud gewonnen.

Wem hilft White Chestnut?

Immer wieder die gleichen Alpträume, immer wieder die gleichen Fragen, die im Gedächtnis haften – kennen Sie das? Probleme und ungelöste Konflikte beschäftigen einen unaufhörlich, die Gedanken drehen sich im Kreis, und man kann nicht abschalten.

Man ist fahrig und unkonzentriert, weil sich immer wieder die gleichen Vorstellungen und Befürchtungen einschleichen. Man wälzt ständig die gleichen Probleme, denkt immer wieder daran, was man hätte tun oder sagen sollen, und findet nicht mehr zu Ruhe und Klarheit. Hält dieser Zustand länger an, dann wird die Lebensenergie stark beeinträchtigt.

Wenn die Gedanken ohne Unterbrechung um das gleiche Problem kreisen und Sie sich nicht ablenken können, hilft White Chestnut, die Roßkastanie.

Die Wirkung

Mit der Blütenessenz White Chestnut stellen sich langsam wieder gedankliche Ruhe und Klarheit ein. Es gelingt, rationale Lösungen der Probleme zu erarbeiten und die Dinge aus einer anderen, weniger starren Perspektive zu betrachten. Man ist wieder in der Lage, Informationen aufzunehmen und dadurch wertvolle Erkenntnisse zu erhalten, die zu Problemlösungen führen.

36. Wild Oat – Waldtrespe

Die Pflanze

Ein 60 bis 120 Zentimeter hohes Hafergras ist Wild Oat. Es wächst auf feuchten Böden und an Wegrändern. Seine hellgrünen Blüten sind doppelgeschlechtlich.

Wem hilft Wild Oat?

Unschlüssigkeit und daraus resultierende Unzufriedenheit sind die Hauptmerkmale des Wild-Oat-Typs. Man ist hin und her gerissen, weil man aus der Vielzahl der Möglichkeiten das für sich Richtige noch nicht gefunden hat. Man nimmt zwar Chancen wahr, aber man wägt noch ab. Der Wild-Oat-Typ ist vielseitig begabt und beginnt vieles, oft erfolgreich. Aber es fehlt ihm an innerer Überzeugung, sich für das Richtige zu entscheiden: Wer die Wahl hat, hat die Qual. Die Lösung liegt im Erkennen der eigenen Persönlichkeit, im Entwickeln von klaren Vorstellungen und Neigungen.

Die Wirkung

Das Erkennen des eigenen Potentials, das Bewußtsein, in bestimmten Situationen nichts Besonderes, sondern das Richtige tun zu müssen und für sich selbst das wirklich Wichtige finden – dazu verhilft die Blütenessenz Wild Oat.

37. Wild Rose – Heckenrose

Die Pflanze

Mit weißen oder hell- bis dunkelrosa Blüten verschönt Wild Rose von Juni bis August viele Hecken, Wald- und Wegränder.

Wem hilft Wild Rose?

Vertrauen Sie darauf: Mit Wild Rose kehren die Ausdrucksfähigkeit und die Lebensfreude wieder zurück.

Das Leben ist voller Resignation und Traurigkeit, obwohl die äußeren Umstände nicht so schwerwiegend sind.

- Man hat sich mit den unabänderlichen Situationen scheinbar abgefunden.
- Man kämpft nicht für seine Sache und die Lösung der Probleme.
- Man geht den Weg des geringsten Widerstandes.
- Aber gerade dieses Zurückstecken macht depressiv und passiv.

Die Wirkung

Die Blütenessenz Wild Rose gibt den Mut und die Kraft, diese lähmende Gleichgültigkeit zu überwinden und sich den täglichen Herausforderungen des Lebens zu stellen.

38. Willow – Weide

Die Pflanze

Die gelb bis leicht orange blühende Weide steht auf feuchten Böden. Ihre weiblichen und männlichen Blüten wachsen nicht auf den gleichen Bäumen.

Wem hilft Willow?

Leider gibt es Situationen im Leben, die man am liebsten ungeschehen machen möchte. Man weiß später, wie man sich in bestimmten Situationen besser verhalten hätte. Die Verbitterung darüber, gescheitert zu sein und unabsichtlich Türen hinter sich geschlossen zu haben, kennzeichnet den negativen Willow-Zustand. Die Ungerechtigkeiten, die einem widerfahren sind, die Demütigungen, unter denen man leidet, und die Wünsche, die nicht realisiert werden konnten, bewirken einen inneren Groll.

Zerstörerische Gedanken machen krank

Da jede Reaktion eine Ursache hat, ist es wichtig, sich bewußt zu werden, daß diese negativen Zustände letztendlich im eigenen Inneren produziert werden – Habgier, Neid und Eifersucht sowie Ablehnung und zerstörerische Gefühle. Die äußeren Umstände kann man nicht ungeschehen machen, aber die innere Einstellung und die negativen, selbstzerstörerischen Gefühle können geändert werden.
Wenn man diese starke Negativität überwindet, erscheinen die Krisensituationen in einem anderen Licht und sind dann leichter zu verarbeiten. Nichts ist selbstzerstörerischer als die zerstörerischen Gedanken der Rache, Vergeltung, des Hasses und der Vernichtung.

Kann man nicht über seinen Schatten springen und lernen loszulassen, dann sind schwere Erkrankungen unausweichlich.

Die Wirkung

Die Blütenessenz Willow unterstützt dabei, sich von Erwartungshaltungen und Forderungen zu befreien. Im Gegenteil – das Positive, Schöne und Freudvolle wird das Leben nun bestimmen. Positive Gedanken und liebevolle Gefühle ziehen positive Handlungen an. Loslassen und nach vorne schauen ist für jeden erlernbar. Machen Sie sich klar: Das Schmerzvolle war in der Vergangenheit – das Leben findet in der Gegenwart statt.

DIE RESCUE-REMEDY-NOTFALL-TROPFEN

Außer den 38 Bach-Blüten für die unterschiedlichsten Gemütszustände und psychischen Erkrankungen hat Dr. Edward Bach noch die Rescue-Remedy-Notfalltropfen entwickelt, die Sie – wie es der Name schon andeutet – in akuten Notfällen erfolgreich einsetzen können.

Die Tropfen für den Notfall

Rescue-Remedy-Notfalltropfen sind eine ganz spezielle Kombination von fünf Blütenessenzen, die Dr. Bach neben seinen Blütenessenzen gemischt hat. Es handelt sich hierbei um eine Mischung der Blütenessenzen Cherry Plum, Clematis, Impatiens, Rock Rose und Star of Bethlehem. Sie werden auch als Rescue Remedy Nr. 39 bezeichnet. Als Erste-Hilfe-Mittel sind diese Tropfen außerordentlich wirksam.
Dr. Edward Bach beobachtete, daß die Mischung seiner Notfalltropfen bei akuten Schockzuständen und in Situationen von außergewöhnlichen Belastungen große Dienste leistet.

Anwendungsbereich

Zweckmäßig einzusetzen sind diese sogenannten Notfalltropfen in besonders akuten Situationen wie Prüfungsangst, Nervosität beim Vorstellungsgespräch, Lampenfieber vor Vorträgen, bei Trennungen

Je nach Witterung blüht der Olivenbaum in den Frühlingsmonaten. Gerade im mediterranen Raum finden Sie die oft knorrig erscheinenden Bäume.

Neben den 38 Blütenessenzen erhalten Sie in der Apotheke auch die Rescue-Remedy-Tropfen von Dr. Bach für alle Notfälle.

Blütenessenzen in den Notfalltropfen

Pflanzenblüten	Wirkung
Cherry Plum	Nimmt die Angst, den Verstand bzw. die Kontrolle zu verlieren
Clematis	Gegen das Gefühl, neben sich selbst zu stehen, fast ohnmächtig zu sein, das Bewußtsein zu verlieren
Impatiens	Gegen Streßsituationen
Rock Rose	Gegen Panik
Star of Bethlehem	Hilft, Schockzustände zu überwinden

und Auseinandersetzungen, bei Unfällen, um das seelische Gleichgewicht wieder zu stabilisieren, vor Operationen, um das Angstgefühl zu nehmen, bei psychischen Schockzuständen jeglicher Art wie z. B. Scheidung, Fremdgehen des Partners, beruflichen Hiobsbotschaften usw.

Dosierung der Notfalltropfen

Die Notfalltropfen werden innerlich angewendet: Rescue Remedy sollte im akuten Zustand in doppelter Dosierung – im Gegensatz zu den anderen Blütenessenzen – gegeben werden.

- Für 20 Milliliter Notfalltropfen träufeln Sie vier Tropfen der fertig zu kaufenden Mischung Rescue Remedy aus der Stock-Bottle in ein Pipettenfläschchen und geben 15 Milliliter reines Wasser (ohne Kohlensäure!) und fünf Milliliter 40prozentigen Alkohol oder Obstessig zur Konservierung dazu.
- Halten Sie ein Fläschchen Notfalltropfen in dieser Verdünnung stets im Haushalt bereit, und nehmen Sie eins auf Wanderungen, Radtouren, in den Urlaub und bei allen Sportaktivitäten mit!
- In akuten Fällen können Sie vier Tropfen Rescue Remedy direkt aus der Stock-Bottle in ein Glas (0,2 Liter) Wasser, Tee oder Saft geben und langsam trinken.

- Sie können aber auch zwei bis drei Tropfen bei Bedarf unverdünnt zu sich nehmen.
- Die Wirkung der Notfalltropfen ist schnell und sicher: Schon nach wenigen Stunden spüren Sie eine deutliche Verbesserung des Allgemeinzustands.

Äußerliche Anwendung der Notfalltropfen

Die Notfalltropfen können bei leichten Verbrennungen, geringfügigen Verletzungen, Zerrungen und Hautausschlägen auch äußerlich in Form von Wickeln, Umschlägen und Kompressen angewendet werden.

- Geben Sie sechs Tropfen aus der Stock-Bottle Rescue Remedy in einen halben Liter Wasser.
- Tränken Sie mit dieser Flüssigkeit ein Leinen- oder Baumwolltuch für den Wickel oder die Kompresse.

Ein Unfall ist schnell geschehen, und kleine Notfälle begleiten das tägliche Leben. Tragen Sie Rescue-Remedy-Tropfen daher stets bei Ausflügen, beim Sport und auf Reisen bei sich.

Warnung

Bitte verstehen Sie die Wirkungsweise der Notfalltropfen nicht als Ersatz für die bei Notfällen und Unfällen fast immer notwendige ärztliche Hilfe. Die Tropfen wie auch die Salbe sind lediglich eine zusätzliche, aber sehr wirkungsvolle Unterstützung, um die erschütterte Psyche wieder in ihr Gleichgewicht zu bringen und die körpereigenen Heilungskräfte zu aktivieren.

Rescue Remedy als Tropfen und als Salbe sollten Sie daher immer fertig gemischt als Vorrat zu Hause, in der Handtasche und im Auto bei sich haben.

Bach-Blütensalbe

Das Dr. Bach Centre in England stellt inzwischen aus den Notfalltropfen auch eine Creme her, die unter dem Namen »Rescue Cream« oder »Bach-Blütensalbe« in den Apotheken erhältlich ist. Diese Creme enthält neben den fünf Bach-Blüten der Notfalltropfen zusätzlich die Blütenessenz Crab Apple, die das Gefühl der Unreinheit nimmt – eine Empfindung, die bei Hautverletzungen leicht eintritt.

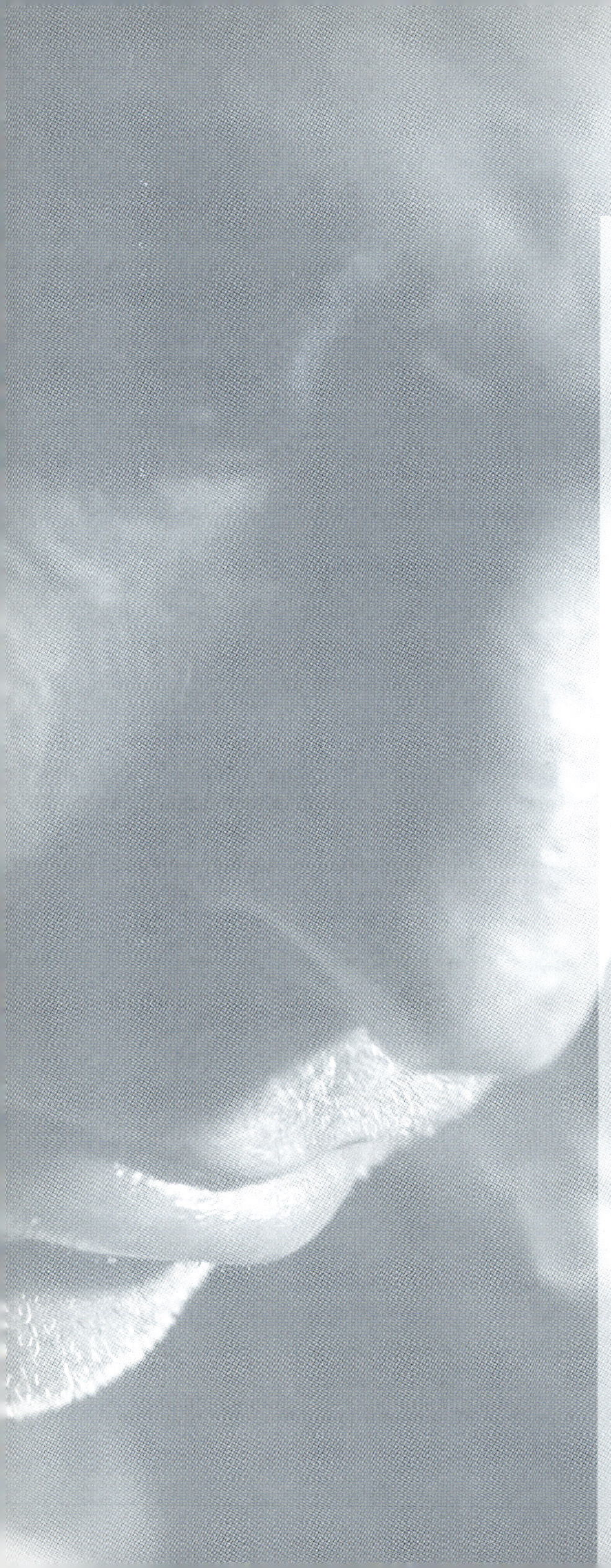

DIE PSYCHE HEILEN

Psychische Probleme können sich in jedem Alter einstellen: Ein Gymnasiast hat plötzlich kein Interesse mehr an Schule und Schulfreunden; ein Mann im besten Alter ist von Angst wie gelähmt; nach einer Trennung treibt Sie Liebeskummer zur Verzweiflung. Bauen Sie sich in solchen Fällen mit Bach-Blüten auf!

Wie Bach-Blüten psychische Probleme heilen

Sie wissen bereits, welche Bach-Blüten bei welchen Gemütszuständen einzusetzen sind und wie sie im einzelnen wirken. Doch sicher sind Sie an ausgewählten Beispielen interessiert, die die Kraft der Bach-Blüten demonstrieren können. An einigen Fällen aus meinem Praxisalltag als Heilpraktikerin zeige ich Ihnen hier die Wirkung.

Antriebslosigkeit

Betroffen ist ein 14jähriger Gymnasiast

Ein besonders prägnanter Fall bei der Heilung von Antriebslosigkeit war ein sehr junger Patient: ein Gymnasiast, 14 Jahre jung, ständig schlecht gelaunt, immer müde. Er hatte kaum Kontakte zu Freunden oder Freundinnen außerhalb der Schule und zeigte nicht das geringste Interesse an irgend etwas.

Die Eltern waren vollkommen ratlos. Es stellte sich bald heraus, daß der Sohn unter einem immensen Leistungsdruck litt. Vor Mathematikschulaufgaben nahm er am Vorabend Beruhigungsmittel, damit er überhaupt einschlafen konnte. Kurz vor der betreffenden Schulaufgabe nahm er nochmals Tabletten, damit er seine Prüfungsangst und Nervosität unterdrücken konnte.

Außerdem litt er unter seinem dominanten Vater und unter seiner hyperaktiven Mutter, die ihn von einer Aktivität zur anderen zwang – Gitarrenunterricht, Russisch, Karate, Tanzkurs u.v.m. Er war überfordert und stand permanent unter Leistungsdruck.

Ob Jugendlicher oder Erwachsener – Antriebslosigkeit und mangelndes Interesse können jeden einmal treffen. Hier helfen ausgesuchte Bach-Blüten.

Bach-Blüten helfen

- Olive gegen Erschöpfung und Kraftlosigkeit
- Centaury, um die Selbstbestimmung zu stärken
- Rock Rose, um Angstzustände und Panikgefühle auszugleichen
- Oak, wenn es gegen Schwierigkeiten anzukämpfen gilt
- Pine und Star of Bethlehem vor Schulaufgaben und Prüfungen

Das Leben ändert sich

Die überfordernde Situation änderte sich für den Jungen nach einem langen ausführlichen Gespräch mit den Eltern und Lehrern und der Einnahme der verordneten Bach-Blüten. Er wechselte auf eine andere Schule, und die Verpflichtungen nach der Schule wurden reduziert.

Depressionen

Betroffen ist ein junger Rechtsanwalt

Hauterkrankungen sind oft der sichtbare Hinweis auf verdrängte psychische Probleme. Die Haut erweist sich als der Spiegel der Seele!

Depressionen hatte ein junger sympathischer Rechtsanwalt. Er kam ursprünglich wegen Hauterkrankungen in die Praxis, da er meinte, unter Akne zu leiden; er war deshalb sehr unglücklich.
Es stellte sich heraus, daß es sich um Hautentzündungen handelte, die schubweise auftraten. Nachdem er genauestens untersucht worden war und alle Möglichkeiten abgeklärt waren, konnte ich ihm schließlich mitteilen, daß das Problem eine andere Ursache hatte. Die Haut erwies sich bei ihm als Spiegel der Seele! Nachdem ich ihn auf diese Tatsache hingewiesen hatte, erzählte er, daß er seit seiner Pubertät ständig wiederkehrende, für ihn grundlose Depressionen und starke Angstgefühle habe und sich deshalb manchmal nicht traue, zur Arbeit zu gehen. Er hatte bisher diese Situationen mit Beruhigungsmitteln und Alkohol überspielt.
Ich empfahl ihm, einen Therapeuten aufzusuchen, die Ursache zu ergründen und zu beseitigen. Er wollte dies auf keinen Fall, und so verordnete ich ihm auf Wunsch eine Bach-Blütenmischung.

Bach-Blüten helfen

- Pine zur Stärkung des schwachen Selbstvertrauens
- Larch, um die Erwartung von Fehlschlägen auszugleichen
- Mustard gegen Verzweiflung ohne erkennbare Ursache
- Aspen gegen vage Ängste
- Water Violet gegen Einsamkeit

Das Leben ändert sich

Er war drei Monate später kaum wiederzuerkennen: Attraktiv, modisch und männlich wirkte er. Sein Gang war aufrechter, seine Stim-

me klang wesentlich fester und ausgeprägter, und er konnte den Menschen jetzt in die Augen sehen und mußte ihren Blicken nicht mehr ausweichen.
Dieser junge Rechtsanwalt veränderte sich beruflich und machte sich selbständig. Dies erfüllte ihn mit großer Freude, und sein Selbstbewußtsein steigerte sich enorm. Außerdem waren seine Hautprobleme verschwunden.

Betroffen ist auch ein älterer Ehemann

Depressionen ganz anderer Art stellte ich bei einem älteren Patienten fest. Er tat nach außen hin fröhlich, lustig und wirkte selbstbewußt. Es ergab sich aber ein völlig anderes Bild, als er von seinen starken Depressionen erzählte, mit denen er sich schon 30 Jahre (!) quälte.
Er hatte eine schwere Nierenerkrankung und mehrere Operationen hinter sich. Außerdem führte er keine besonders glückliche Ehe. Zu Hause hatte seine Frau das Sagen und führte ein strenges Regiment. Sie war ein Putzteufel, nörgelte und kritisierte ständig.
Die Gründe, die zu seinen Depressionen führten, waren ihm bewußt. Er konnte das Kriegsgeschehen, das er als junger Mann miterlebt hatte, und die darauffolgende russische Gefangenschaft nicht vergessen. Manchmal wachte er schweißgebadet auf und sah die schrecklichen Szenen noch einmal vor sich.

Nierenprobleme deuten auf Partnerschaftsprobleme; die Nieren sind die Organe der Seele. Bedenken Sie also bei Nierenerkrankungen auch immer Ihre aktuelle Lebenssituation.

Bach-Blüten helfen

- Honeysuckle, um Vergangenes loslassen zu können
- White Chestnut, um quälende Gedanken auszuschalten
- Mimulus gegen bestimmte Ängste
- Mustard gegen Perioden tiefster Traurigkeit

Das Leben ändert sich

Nach der Einnahme dieser Bach-Blütenmischung während eines Zeitraums von drei Monaten hatte sich nach der Aussage des Patienten sein akuter Zustand etwas gebessert. Er traute sich inzwischen auch, zu Hause einmal ein Machtwort zu sprechen und sich nicht mehr alles gefallen zu lassen. Er denkt zur Zeit darüber nach, mit seiner Frau eine längere Reise zu unternehmen, die er sich schon sehr lange wünscht.

Alpträume

Betroffen ist ein Zweijähriger

Wie Bach-Blüten wirken, werden Ihnen die Beispiele aus meiner Naturheilpraxis zeigen. Es handelt sich ausnahmslos um authentische Fälle.

Der zweijährige Kevin hatte fast jede Nacht Alpträume. Seit seiner Geburt schlief er keine Nacht durch und war voller Unruhe. Tagsüber weinte er oft und fiel vor allem durch seine Aggressivität auf. Kevin stammte aus einer harmonischen, intakten Familie und war außerdem ein Wunschkind. Seine Mutter war nicht berufstätig und kümmerte sich vorbildlich um ihn und seinen vierjährigen Bruder.
Niemand konnte sich erklären, warum ausgerechnet Kevin so unleidlich war. Natürlich wurde er von verschiedenen Spezialisten gründlich untersucht – aber ohne Befund. Schließlich war seine übernächtigte und ratlose Mutter bei mir in Behandlung. Dabei kam auch das Problem mit ihrem jüngeren Sohn zur Sprache, und sie entschloß sich, eine Bach-Blütentherapie bei Kevin durchzuführen.

Bach-Blüten helfen

- Rock Rose gegen akute Ängste, die während der Nacht in Form von Alpträumen ausgelöst werden
- Impatiens gegen Ungeduld (Kevin ist hitzig und zornig)

Pine, die Schottische Kiefer, gedeiht auf sandigen Waldböden und blüht gelb in den Monaten Mai und Juni.

Das Leben ändert sich
Bereits nach einer Woche rief die Mutter an und berichtete, daß Kevin nun etwas ruhiger schlafe und nicht mehr jede Nacht aufwache. Dieser Zustand hielt ca. vier Wochen an.

Neue Informationen – neue Behandlung
In der Zwischenzeit erzählte die Mutter mir beiläufig von einem Autounfall, den sie vor einigen Jahren im Ausland erlitten hatte. Sie zeigte mir sogar ein Foto des Unfallorts. Sie hatte sich mit dem Auto überschlagen, weil ein anderes Fahrzeug ihr die Vorfahrt genommen und sie versucht hatte auszuweichen. Zu dieser Zeit war sie, was sie damals noch nicht wußte, Anfang des vierten Monats mit Kevin schwanger!

Nach diesen neuen Informationen änderten wir sofort die Zusammenstellung der Blütenessenzen und fügten nun Mimulus der ursprünglichen Mischung hinzu, um auch auf bestimmte Ängste, die Kevin Nacht für Nacht durchlebte, positiven Einfluß zu nehmen. Weiterhin ergänzten wir mit White Chestnut, um Kevin von den immer wiederkehrenden quälenden Gedanken zu befreien.

Die Rote Kastanie, auf englisch Red Chestnut, ist ein traditioneller Alleebaum, der Ende Mai bis Anfang Juni seine schönen rosa Blüten zeigt.

- Da es sich um ein Kleinkind handelte, wurde die Bach-Blütenmischung nicht mit Alkohol, sondern mit Obstessig konserviert.
- Die Dosierung bei Kevin: viermal täglich je vier Tropfen.
- In den Zeiträumen, in denen Kevin manchmal noch nachts aufwachte, wurden ihm jedesmal zusätzlich nach dem Aufwachen vier Tropfen verabreicht.
- Kevin ist jetzt nach einer Behandlungsdauer von vier Monaten ruhiger und ausgeglichener; er schläft nachts durch.

Mißbrauch und Vergewaltigung

Nichts ist demütigender als Mißbrauch – ganz besonders wenn er in einer Partnerschaft oder Ehe geschieht. Die Betroffenen brauchen Hilfe und Verständnis.

Ob Mißbrauch und Vergewaltigung nun Kinder oder Erwachsene betrifft, immer handelt es sich um einen brutalen Akt, der in seiner weitreichenden negativen Wirkung kaum beschrieben werden kann.
Meist sind die psychischen Verletzungen so tief, daß sie lange verdrängt werden und plötzlich wieder massiv auftauchen. Die Gefühle reichen von tiefster Trauer über Depressionen zu Selbsthaß.
Als zusätzliche Hilfe während einer psychologischen Betreuung der Opfer bieten sich Bach-Blüten an.

Bach-Blüten helfen

- White Chestnut, Crab Apple und Gorse bei quälenden Gedanken an das Ereignis
- Star of Bethlehem, Sweet Chestnut und Mimulus bei tiefster Depression und Angstgefühlen
- Pine und Willow bei Selbsthaß

Mißbrauch in der Ehe

Da es sehr oft zu Vergewaltigungen in der Ehe kommt, ist es für die Betroffenen nur schwer möglich, sich mit ihrem Problem an die Öffentlichkeit zu wenden. Der Mißbrauch ist für diese Frauen besonders schwer zu ertragen, da sie von ihrem Ehemann häufig abhängig sind und ihn nicht verlassen können.
Um mehr Mut und Selbstbewußtsein in dieser Situation zu bekommen, ist die Einnahme von Gorse, Scleranthus und Larch empfehlenswert.

Gewalt in der Ehe

Nicht selten ist körperliche Gewalt; nach Untersuchungen wird in Deutschland alle 17 Sekunden eine Frau geschlagen oder mißhandelt. Oft spielt Alkohol eine große Rolle; der Ehepartner läßt seinen negativen Gefühlen freien Lauf und schlägt zu. In den meisten Fällen sind die Frauen körperlich unterlegen, wirtschaftlich abhängig, und so verschweigen sie das Drama und hoffen, der Ehemann werde sich ändern.

Um mit Gewalt in der eigenen Ehe umgehen zu können, helfen den betroffenen Frauen Wild Rose, Walnut und Water Violet.

Vage Angst

Betroffen ist ein flotter Mitvierziger

Ein eindrucksvolles Beispiel aus der Naturheilpraxis soll hier beim Thema »vage Angst« zeigen, wie Angst den Menschen hemmen und lähmen kann. Herr S. war ein flotter Mitvierziger, sportlich und dynamisch. Er hatte eine gute und interessante berufliche Position, eine attraktive Frau und eine schon fast erwachsene Tochter.

Er kam in die Praxis, weil er seit geraumer Zeit von unerklärlichen Ängsten geplagt wurde. Er hatte keine Probleme – weder privat noch beruflich, abgesehen von den kleinen alltäglichen Ärgernissen im Leben. Bevor er zu mir kam, hatte er einige Therapeuten bereits konsultiert; er nahm verschiedene Medikamente und Beruhigungsmittel ein, ohne die er sich nicht mehr aus dem Haus wagte.

Die Angstgefühle waren inzwischen so vehement geworden, daß er:

- Manchmal keine Luft mehr bekam
- Vor beruflichen Besprechungen plötzlich wegen Übelkeit den Raum verlassen mußte
- Auf der Straße plötzlich vor Angst schweißgebadet dastand.

Das Schlimmste von allem aber war sein plötzlicher hoher Blutdruck, der nicht organisch bedingt war. So nahm er zusätzlich noch blutdrucksenkende Arzneien, zuletzt auch Beta-Blocker.

Die naturheilkundliche Behandlung

Ich behandelte Herrn S. in meiner Praxis zunächst mit Akupunktur und Homöopathie. Die Therapie schlug nach einigen Wochen positiv an. Trotzdem kamen die Angstanfälle immer wieder.

Wir kamen überein, es einmal mit der Bach-Blütentherapie zu versuchen, und begannen mit der Anamnese. Ich machte ihn zuvor darauf aufmerksam, daß es eine Ursache für seinen Zustand geben mußte und er selbst sehr viel dazu beitragen könnte, sie herauszufinden.
Schließlich stellte sich heraus, daß seine Ehe doch nicht so glücklich war, wie es nach außen hin schien. Die Partner hatten sich auseinandergelebt und wollten diese Tatsache nicht wahrhaben. Schlimmer noch, die Ehe war 25 Jahre zuvor von den Eltern in die Wege geleitet worden. Die große Verliebtheit hatte es nie gegeben. Und plötzlich kam das Gefühl: War das alles gewesen? Und damit setzte die überwältigende Angst ein. Herr S. erkannte die Fallgrube, in der er saß, hatte aber nicht den Mut, Konsequenzen zu ziehen.
Diese Situation zog sich noch über ca. ein Jahr hin, und plötzlich ging alles sehr schnell. Seine Frau schien die Situation ähnlich zu empfinden, denn sie verliebte sich, verließ den Ehemann und zog mit dem neuen Partner zusammen. In der Zwischenzeit unterstützten wir Herrn S. mit einer Bach-Blütenmischung.

Die Blüten der Rock Rose finden Sie von Juni bis September. Die Pflanze blüht hellgelb und wächst auf Kalkstein- und Kreidekalkböden.

Bach-Blüten helfen

- Rock Rose gegen akute Angst
- Pine, um das Selbstvertrauen zu stärken
- Mimulus gegen Angst und die damit verbundene Lähmung
- Rescue Remedy im akuten Fall

Abhängigkeit und Hörigkeit

Betroffen ist eine noch junge, geschiedene Mutter

Abhängigkeit ist das Problem einer Patientin, geschieden, 29 Jahre alt und Mutter eines Kindes: Aus Einsamkeit und verletztem Selbstwertgefühl heraus begann sie eine Beziehung zu einem verheirateten Mann. Wie es in solchen Beziehungen leider oftmals geschieht, hielt er sie mit Versprechungen auf eine gemeinsame Zukunft hin, ohne es je ernst zu meinen. Ihre Beziehung zu ihm war gekennzeichnet von extremen Hochgefühlen und Tiefpunkten. Trennung und Versöhnung, Hoffnung und Depression wechselten sich ab.

Verliebtheit kann rasch in einer ausweglosen Situation enden, wenn der Partner gebunden ist und sich nicht entscheiden will. Machen Sie sich nicht abhängig.

Im Laufe von zwei Jahren veränderte sie ihre Persönlichkeit derart, daß sie viele ihrer Freunde verlor. Sie hatte an nichts anderem mehr Interesse als an diesem Mann. Das Verhältnis war mit einer starken sexuellen Komponente und unbändigem Haß auf die betrogene Ehefrau verbunden, die sich angeblich gegen eine Trennung wehrte.

Das Leben ändert sich

Schließlich sah die junge Mutter ihre ausweglose Situation ein und beschloß, ihr Leben zu ändern. Sie versucht heute, wieder auszugehen, um neue Bekannte kennenzulernen. Auch beruflich macht sie wieder Zukunftspläne.

Bach-Blüten helfen

- Hornbeam, um Selbstzweifel auszuschalten
- Scleranthus gegen mangelnde Entscheidungsfähigkeit
- Heather gegen Einsamkeit
- Holly, um negativen Gefühlen entgegenzuwirken
- Willow gegen Verbitterung

Gefühlskälte

Betroffen ist ein leitender Beamter

Unter Gefühlskälte und gleichzeitiger Unsicherheit litt ein leitender Beamter, der mich konsultierte. Er war an seiner Arbeitsstelle sehr unbeliebt, da er sich ungerecht und äußerst kühl gegenüber seinen Mitarbeitern verhielt. Er schien ohne jegliche Gefühle zu sein. Jeder fürchtete ihn, weil er rhetorisch überlegen war und dies zu seinem Vorteil nutzte.

Da er nicht aufrichtig war, nie lobte und die Schwächen seiner Untergebenen ausnutzte, schätzte ihn niemand. Aber alle parierten aus Angst um ihren Arbeitsplatz.

Wer Schwierigkeiten damit hat, seine Gefühle zu zeigen, leidet oft mehr darunter, als seine Umwelt vermutet. Bach-Blüten können helfen, offener zu sich und zu seinen Mitmenschen zu sein.

Doch in Wirklichkeit litt er selbst am meisten, weil er von klein auf nicht gelernt hatte, Emotionen zu zeigen. Er fürchtete, den Respekt seiner Umwelt zu verlieren, wenn er zuviel Gefühl zeigte. So wurde er sehr unsicher und verlor sein Selbstbewußtsein. Er versteckte sich hinter seiner Position und seinem krisenfesten Status. Mitarbeiter, die zu selbstbewußt auftraten und ihn kritisierten, wurden von ihm mit Intrigen abgedrängt.

Da ihn sein Problem sehr belastete und er zudem mittlerweile ein kleines Magengeschwür hatte, suchte er Hilfe und begann eine Bach-Blütentherapie.

Bach-Blüten helfen

- Aspen gegen die Angst tief im Innersten
- Cerato, um das Selbstbewußtsein zu stärken
- Willow gegen Verbitterung
- Vervain gegen starre Prinzipien

Das Leben ändert sich

Bei diesem Patienten dauert die Behandlung nun inzwischen ca. sechs Monate, und er macht bereits kleine Schritte, sich selbst besser zu erkennen und zu akzeptieren.

Er muß so weit kommen, sich selbst zu lieben; dann wird er auch in der Lage sein, seine Mitmenschen zu lieben, sie menschlicher zu behandeln und sie zu respektieren.

Liebeskummer

Frisch verliebt erscheint die Welt als Paradies, doch dann kommen die Fragen, die Zweifel, die Ängste – und schließlich auch der Liebeskummer.

Wer kennt diesen Zustand nicht – das Gefühl, plötzlich allein auf dieser Welt zu sein! Man sieht die Sonne nicht mehr, hört kein Zwitschern der Vögel mehr, und auch der Duft der Blumen ist fort. Die Seele trägt Trauer. In meiner Praxis treten diese Fälle relativ häufig auf. Erfahrungsgemäß leiden Frauen wesentlich häufiger darunter, da sie sich meist schuldig an ihrer Situation fühlen.

Es fängt mit Appetitlosigkeit und der damit verbundenen Gewichtsabnahme an und hört mit akuter Selbstmordgefahr auf. Der starke Schmerz rührt meist von einem Schockerlebnis her, das von dem entsprechenden Partner sehr plötzlich ausgelöst wurde.

- Geht eine Beziehung zu Ende, in der es schon lange unlösbare Krisen gab, so ist man damit vertraut und geht gefaßter mit einer Trennung um.
- Erfährt aber die Partnerin durch einen Brief oder einen Telefonanruf urplötzlich von dem Doppelleben des Mannes, so bricht der Schmerz völlig unkontrolliert über sie herein.

Ich hatte letzten Sommer vier Fälle in der Praxis, in denen Männer von einem Tag auf den anderen zu Hause ausgezogen und sofort bei der neuen Partnerin eingezogen sind. In einem Fall kam der Ehemann nach der Arbeit gar nicht mehr nach Hause. Die Frauen waren alle ahnungslos gewesen.

Sie können sich sicherlich vorstellen, in welche Lebenskrise diese Frauen gestürzt wurden. Die Krönung eines Ehedramas bildete die Tatsache, daß die »Affäre« des Mannes schwanger war. Dies muß erst einmal verarbeitet werden. Lange Zeit bleibt das Selbstwertgefühl zerstört, und diese Frauen fragen sich ständig:

- Warum muß das ausgerechnet mir passieren?
- Was habe ich in der Ehe falsch gemacht?
- Hätte ich die Trennung verhindern können?
- Wie geht das Leben nun für mich weiter?

Wie können sie weiterleben?

In diesen Momenten wird sehr oft an Selbstmord gedacht, weil der Tod wie ein Befreier vom unerträglichen Schmerz erscheint. Lieber tot als ohne den geliebten Partner in Schmach weiterleben. Diese

Hintergangen, betrogen, verlassen? In solchen Momenten möchte so mancher lieber sterben als mit der Schande weiterleben. Bedenken Sie: Das hat fast jeder schon einmal erlebt.

Frauen haben nicht nur das Vertrauen zu sich selbst verloren, sondern auch ihre Ehre.
Der Liebeskummer dauert unterschiedlich lange. Die einen haben die Krise bereits nach ca. sechs Monaten überwunden, andere sind auch nach zwei Jahren noch nicht damit fertig. Tatsache aber ist immer, daß Frauen gestärkter und konsequenter nach solchen Krisen wieder ins Leben zurückkehren.

Bach-Blüten helfen

- Cherry Plum gegen die Angst, den Verstand zu verlieren
- Hornbeam gegen lähmende Müdigkeit und Kraftlosigkeit
- Star of Bethlehem, um den Schock zu überwinden
- Sweet Chestnut gegen tiefe Verzweiflung
- Rescue Remedy für den Notfall

Mutter-Kind-Probleme

Manche Menschen sind ständig um andere besorgt. Immer wollen sie nur das angeblich Beste – unabhängig davon, ob es auch wirklich das Beste für die Betreffenden ist. Und sie vergessen damit den wichtigen

Ein Heilmittel von Dr. Bach wird nicht aus Pflanzenblüten gewonnen: Rock Water, das natürliche Quellwasser, soll der Entspannung dienen.

Freiraum, den jeder Mensch braucht – vor allem Kinder – zur Entfaltung seiner Persönlichkeit.
Durch die ständige Einmischung und Bevormundung stoßen sie ihre Mitmenschen vor den Kopf und engen sie ein.

Bach-Blüten helfen

In der Praxis hat sich zu dem Thema »übermäßige Sorge um andere« folgende Mischung aus Dr. Bachs Blütenessenzen bewährt:

- Vine, um Schulmeisterei auszugleichen
- Chicory gegen übermäßige Einmischung und Kritik
- Centaury gegen das Verlangen, den anderen zu sehr zu dienen

Übersteigerter Ehrgeiz

Betroffen ist ein Golfspieler aus Leidenschaft

Übertrieben ehrgeizig reagierte ein Patient, der passionierter Golfspieler war. Er verbrachte sehr viel Zeit auf unterschiedlichsten Golfplätzen dieser Welt. Auf jedes Spiel bereitete er sich sehr konzentriert vor und schien auch sehr erfolgreich zu sein.
Hin und wieder ergab es sich, daß er gegen einen ganz bestimmten Spieler antreten mußte, vor dem er großen Respekt hatte. Er programmierte sich dann unbewußt derart negativ, daß er in regelmäßigen Abständen immer wieder gegen ihn verlor.

Sport macht Spaß. Doch wenn das Spiel mit zuviel Ernst betrieben wird und der Ehrgeiz im Vordergrund steht, dann wird der Sport zur Qual.

Bach-Blüten helfen

- Elm, um übersteigerten Idealismus auszugleichen
- Pine gegen schwaches Selbstvertrauen
- Rock Water gegen krankhafte Selbstdisziplin
- Vervain gegen starre Prinzipien

Das Leben ändert sich

Heute spielt der Mann immer noch leidenschaftlich gern Golf; doch er verhält sich dabei nicht mehr übertrieben ehrgeizig. Wohl freut er sich über jeden Sieg, doch die Bach-Blüten haben ihm geholfen, sich ruhiger auf seine Spiele vorzubereiten.

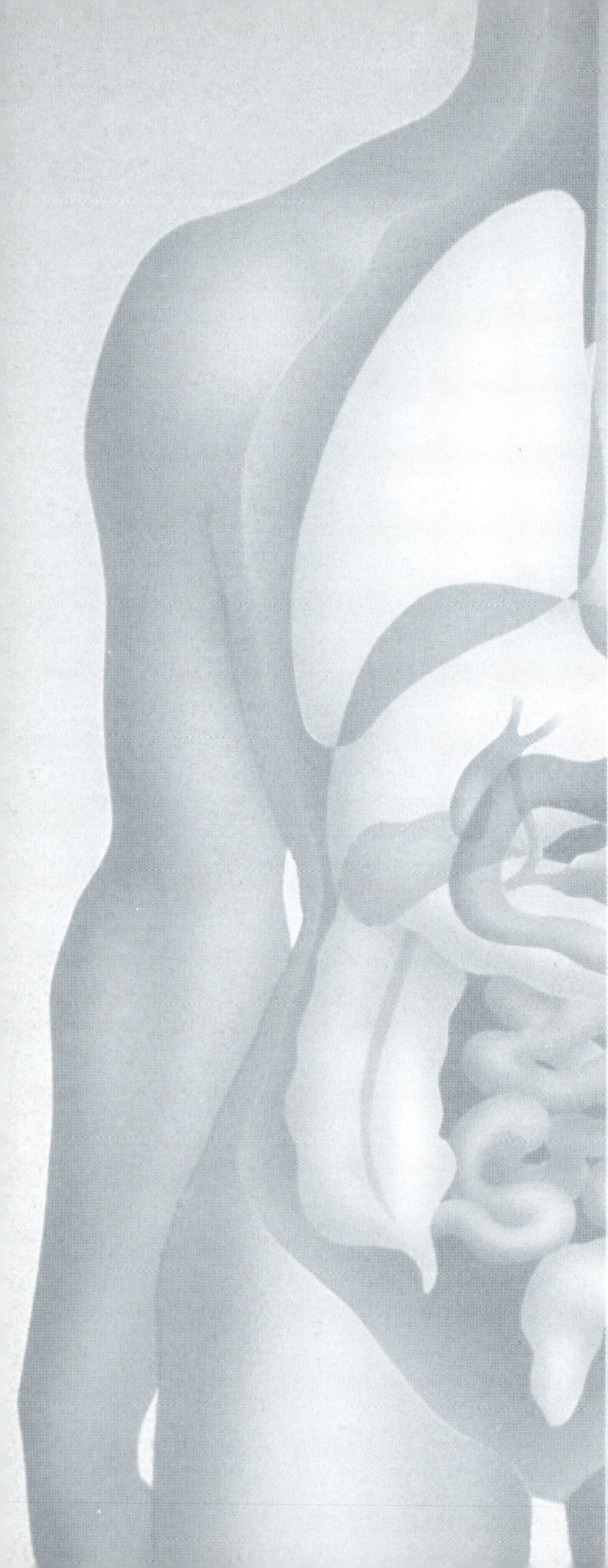

KÖRPERLICH KRANK

Jedes Organ des Körpers steht mit der Psyche in sehr engem Zusammenhang. Im Sprachgebrauch wird diese Tatsache durch bestimmte Redewendungen ausgedrückt, aber meistens werden sie gar nicht mehr bewußt wahrgenommen. Denken Sie nur an Aussprüche wie:
»Heute fühle ich mich überhaupt nicht wohl in meiner Haut!«
Oder:
»Ist Ihnen etwas auf den Magen geschlagen?«

Sinnesorgane – innere Organe

Wer Beschwerden mit den Sinnesorganen oder mit inneren Organen hat, sollte nicht allein an körperliche Erkrankung denken. Augen und Ohren, Magen und Leber funktionieren nicht isoliert vom übrigen Körper und sind immer auch mit der Psyche verbunden.

Störungen und Erkrankungen eines Organs sind der Ausdruck eines meist länger vorausgangenen, verdrängten Konflikts. Bei dem einen tritt ein Leiden früher auf, bei dem anderen später.

Augen

Mit den Augen besitzen Sie die Fähigkeit zum Sehen. Sehstörungen können ein Ausdruck dafür sein, daß Sie »etwas nicht mehr sehen wollen«, Angst vor der augenblicklichen Situation haben oder der Zukunft nicht mehr »ins Auge sehen« möchten. Was würden Sie ändern, wenn Sie Ihr Leben »klar« sehen könnten?
Die Augen sind der Spiegel der Seele, und in manchen Augen kann man lesen wie in einem offenen Buch. Sie sind ein wichtiges Kontaktorgan zur Umwelt. Manche Menschen können ihrem Gegenüber nicht in die Augen sehen. Hier sind die Augen auch als Symbol der Energie und Aufrichtigkeit eines Menschen zu verstehen. Z.B. bedeutet ein verschleierter bzw. abwesender Blick, daß sich die betreffende Person in sich selbst zurückgezogen hat und an dem momentanen Geschehen wenig Interesse zeigt. Aus diesem Grund wird bei Einstellungsgesprächen, außer auf Körpersprache, auch auf Mimik und Augenausdruck geachtet, da sich an den Augen das Interesse und die Einsatzbereitschaft der jeweiligen Person ablesen lassen.

Ohren

Die Ohren als Sinnesorgan verweisen bei einer Erkrankung auf den Wunsch, sich bestimmte Dinge nicht mehr länger anzuhören. Ohrenschmerzen stellen eine Verweigerung des Zuhörens dar und hängen meist mit Ärger und der Tatsache, daß man etwas nicht hören will, zusammen. Sie sollten sich die Frage stellen, warum und wem Sie nicht zuhören möchten.

Zähne

Der Körper reagiert mit Erkrankungen, wenn die Psyche leidet. Wenn wir die für das Wohlbefinden schädigenden Einflüsse nicht fernhalten oder Geschehnisse nicht verarbeiten, werden wir krank.

Wer mußte nicht schon einmal zähneknirschend eine Niederlage oder einen Verlust hinnehmen? Wer hat sich nicht einige Male im Laufe seines Lebens durchbeißen müssen?
In der Umgangssprache wird deutlich, daß die Zähne nicht allein zum Zerbeißen von Nahrung dienen. Damit leiten sie die Vorverdauung, die bereits in der Mundhöhle beginnt, ein. Das Zerbeißen hat etwas Aggressives an sich, denn dazu gehören Kraft und Vitalität.

Der Kiefer hat sich verändert

In den Kiefern eines Menschen wachsen 32 Zähne; ihre Hauptaufgabe ist es, das Verdauen korrekt einzuleiten. Doch im Laufe der Zeit haben sich unsere Nahrung und ihre Zusammensetzung stark verändert.
Als Folge davon müssen viele Speisen nicht mehr so lange und stark gekaut werden, und im Laufe einer sehr kurzen Entwicklung hat sich parallel dazu die Kiefergröße bei vielen Menschen verändert. Die Kiefer sind degeneriert, sie sind kleiner geworden.
Deshalb sind z.B. die letzten hinteren Backenzähne, die wir unter dem Namen »Weisheitszähne« kennen, nur noch ungenügend oder gar nicht mehr angelegt. Die Weisheitszähne bleiben im Kieferknochen stecken und wachsen nicht mehr auf normalem Weg durch das Zahnfleisch. Dies bedingt für viele Menschen aufwendige und schmerzvolle Kieferoperationen.

Zahnbeschwerden symbolisieren Aggressionen

Probleme mit den Zähnen symbolisieren meistens unterdrückte, nicht ausgelebte Aggressionen und Entscheidungsunwilligkeit. Das nächtliche Zähneknirschen läßt sich folgendermaßen erklären: Nachts arbeitet das Unterbewußtsein verstärkt, und Dinge, die man am Tag verdrängt hat, werden jetzt aufgearbeitet. Alpträume, in denen man plötzlich alle Zähne verliert, sind ebenfalls ein Anzeichen für unterdrückte Aggressionen. Die Zähne als Symbol von Vitalität und Kraft – plötzlich zahnlos dazustehen ist gleichbedeutend mit dem Verlust der eigenen Lebenskraft. Seine Potenz zu verlieren bedeutet, ein sogenannter zahnloser Tiger zu sein.

Gesund, entspannt und schön

Mit den Bach-Blüten beeinflussen Sie Ihre Psyche positiv, heilen indirekt Erkrankungen und können auch etwas für die Schönheit tun!

Erfrischungsmaske

Wenn Sie sich müde und abgespannt fühlen, dann legen Sie eine erfrischende Gesichtsmaske aus der Natur auf. Sie können sie schnell und einfach selbst machen:

20 Gramm Magerquark
1 Eßlöffel Zitronensaft
1 Teelöffel Bienenhonig
1 Tropfen Olive

Verrühren Sie alle Zutaten, geben Sie die Quarkmischung sofort auf das Gesicht, und lassen Sie die Maske 20 Minuten einwirken. Anschließend nehmen Sie sie mit lauwarmem Wasser ab.

Beruhigungsmaske

Wenn Sie sich überreizt fühlen, Sie momentan überanstrengt sind und Ihre Haut überempfindlich reagiert, dann hat sich folgende Maske bewährt:

2 Eßlöffel Joghurt
1 Tropfen Impatiens
1 Tropfen Crab Apple

Verrühren Sie die Blütenessenzen mit dem Joghurt, geben Sie ihn sofort auf das Gesicht, und lassen Sie die Maske 20 Minuten einwirken.

Entspannungsbad

Wer sich nervös und überarbeitet fühlt, nimmt ein Bad mit Melissenöl und massiert anschließend den ganzen Körper mit mildem Mandelöl ein. Geben Sie in das Mandelöl und auch in das Badewasser je 1 Tropfen Elm und Centaury.

Sparen Sie beim Auftragen der Gesichtsmasken immer die Augen aus! Sie könnten gereizt werden.

Haut

Bekannte Redewendungen beziehen sich auf die Verbindung von Psyche und Haut: »aus der Haut fahren«, »sich in seiner Haut nicht mehr wohl fühlen« oder »aus seiner Haut nicht herauskönnen«.

Die Haut ist das größte Organ des Körpers. Immer wieder in ihren Funktionen unterschätzt, kann sie uns bei Überlastung ganz schön zusetzen. Die Haut hat mannigfaltige Aufgaben, sie dient z. B. als

- Schutzorgan gegenüber äußeren Einflüssen
- Kontaktorgan zur Umwelt und den Mitmenschen
- Ausscheidungsorgan von Talg und Schweiß
- Atmungsorgan für den ganzen Körper

Die Haut versucht, die Körpertemperatur konstant zu halten, indem sie bei Kälte- bzw. Wärmeeinwirkung entsprechend reagiert.

Die Haut als Spiegel der Seele

Hauterkrankungen wie Akne, Allergien, Ekzeme, Rötungen und Unreinheiten spiegeln den psychischen Zustand der Betroffenen wider. Hinter Hautproblemen steht meistens der Wunsch nach Anerkennung und Liebe. Gerade Menschen mit Hautproblemen haben ein gestörtes Verhältnis zu sich selbst – sie halten sich nicht für liebenswert. Sie unterdrücken ihre Gefühle und engen sich ein.
Akute juckende Hautentzündungen sind oft Ausdruck für das aktuelle Geschehen, das man nicht wahrhaben will. Die Haut möchte uns etwas Wichtiges mitteilen, aber meistens hören wir nicht hin und versuchen, mit Cremes die Hauterkrankung zu meistern.
Da sich alle inneren Organe auf der Haut spiegeln, wird jede Störung im Körper auf der Haut sichtbar. Entsprechend dem Hautbezirk lassen sich sogar Rückschlüsse auf das erkrankte Organ ziehen. Diese Tatsache wird in der Naturheilkunde mit der Antlitzdiagnose und der Aufgliederung der Haut in Reflexzonen mit großem Erfolg genutzt.

Rücken

Der Rücken ist ein wundervolles, starkes Gebilde, bestehend aus Rückenwirbeln, Rückenmuskulatur, Bändern, Sehnen, Bandscheiben und Nervensträngen. Die gesunde Wirbelsäule ist, seit der Mensch auf zwei Beinen geht, leicht S-förmig gebogen. Wir gehen aufrecht, und wir besitzen eine Haltung.

Von dieser äußeren Haltung eines Menschen läßt sich schon sehr gut auf seine innere Haltung schließen. Hat er eine aufrechte oder eine gebückte Haltung? Runde oder hochgezogene Schultern? Man kann auf Anhieb ablesen, wie jemandem zumute ist. Der Körper lügt nicht. So kann man z. B. sehen, ob jemand ganz bewußt eine gerade Haltung einnimmt oder ob sie auch seine innere Haltung widerspiegelt. Es gibt Menschen, die völlig haltlos sind – innerlich wie äußerlich –, und es gibt Menschen ohne Rückgrat. Das Rückgrat ist von Natur aus eigentlich sehr belastbar.

Der Rücken meldet sich

Tritt eine Überlastung ein, die zu stark ist oder zu lange dauert, lädt sich jemand psychisch zuviel auf und ist diese Bürde zu groß geworden oder drücken finanzielle Schwierigkeiten, dann kommt es zu Rückenproblemen: Rückenschmerzen, Ischias, Hexenschuß oder Bandscheibenvorfall ist die Folge. Rückenbeschwerden können die Betroffenen ans Bett fesseln – und zwar für mehrere Wochen – oder sogar zu vorübergehenden Lähmungen führen.

Die nun vom Körper erzwungene Ruhestellung ist dringend notwendig gewesen. Der Druck war zu groß geworden, nun hat man Zeit nachzudenken:

- Warum mußte es mit meiner Gesundheit so weit kommen?
- Habe ich zuviel gearbeitet – vielleicht um Anerkennung zu bekommen?
- Was kann ich daraus für die Zukunft lernen?
- Wie läßt sich mein bisheriges Verhalten ändern?

Wer Anerkennung als Ersatz für Liebe anstrebt, sollte bedenken: Wahre Liebe ist unabhängig von besonderen Leistungen, sie ist nicht von Erfolgen zu beeindrucken.

Atemwegsorgane

Die Atmung, ein Zusammenspiel zwischen Einatmen und Ausatmen, wurde in vielen Kulturen als Ausdruck der Seele angesehen. Ein- und Ausatmen sind unmittelbar miteinander verbundene Vorgänge – das eine ist ohne das andere nicht möglich. In der Yogalehre wird sogar davon gesprochen, daß die Atmung den Fluß der Lebensenergie erst ermöglicht. Durch den Atem ist der Mensch direkt mit der Außenwelt verbunden.

Atmen ist ein ständiges Geben und Nehmen. Der Sauerstoffaustausch im Körper gewährleistet, daß sauerstoffarmes, verbrauchtes Blut wieder mit dem lebenserhaltenden Sauerstoff angereichert wird. Atmen erhält den Menschen am Leben.

Bekommen Sie keine Luft mehr?

Atembeschwerden und Erkrankungen der Atemwegsorgane sind ein Zeichen dafür, daß eine bestimmte Situation oder ein bestimmter Mensch dem Betroffenen die Luft zum Atmen nimmt, so daß er in seiner Freiheit und Eigenständigkeit beschnitten wird und nicht mehr frei atmen kann. Wenn sich die Probleme oder schwierige Situationen lösen, dann kann er in jeder Weise wieder aufatmen.

Asthma bronchiale

Ein sehr gutes Beispiel für Atembeschwerden sind Patienten, die an Asthma bronchiale erkrankt sind. Diese Krankheit ist sehr weit verbreitet und bereits bei Kleinkindern häufig anzutreffen. Sicherlich spielen hier viele äußere Faktoren eine große Rolle.

Scleranthus kann bis zu 70 Zentimeter hoch werden und blüht von Juli bis September grün auf Sand- und Kiesböden.

Die psychische Bedeutung von Asthma bronchiale wird so interpretiert: Beim akuten Asthmaanfall ist die Ausatmung vermindert, dadurch kommt es zu dem für den Asthmatiker lebensbedrohlichen Luftmangel. Ausatmen – das Geben – und Einatmen – das Nehmen – sind in der Balance beim Asthmatiker gestört, er nimmt zuviel. Der überreichliche Sauerstoff, den er einatmet, bläht die Lunge zu stark auf; dies führt zu einer Verkrampfung und damit zu den typischen Symptomen.
Der Asthmatiker nimmt mehr als nötig. Der nächstfolgende Schritt ist das Abkapseln – er läßt nichts mehr von außen an sich heran. Dieser Vorgang löst eine Schutzhaltung des Zwerchfells aus, deren Ursache Angst ist. Angst spielt beim Asthmatiker eine sehr große Rolle – Angst, nicht geliebt und nicht anerkannt zu werden, Angst, nicht gebraucht zu werden.
Deshalb hat der Asthmatiker einen sehr großen Dominanzanspruch, den er aber niemals zugeben wird. Er benutzt seine Krankheit unbewußt, um seine Mitmenschen zu manipulieren. Wenn etwas nicht nach seinem Willen verläuft oder er seinen Machtanspruch gefährdet sieht, dann bekommt er keine Luft mehr, und es kommt zu einem Anfall.

Die Wirtschaft funktioniert ähnlich wie die Atmung: Würden alle sparen, so käme der Wirtschaftskreislauf zum Erliegen, da fast niemand mehr etwas verkaufen könnte. Das gilt auch umgekehrt.

Eine große Hilfe für den Asthmatiker wäre, sich ehrlich mit seinen Ängsten und unterdrückten Aggressionen auseinanderzusetzen, die Dinge beim Namen zu nennen, anstatt alles zu schlucken. Diese Erkenntnis kann dem Asthmatiker helfen, nicht nur Liebe zu nehmen, sondern auch Liebe zu geben.

Im harmonischen Ausgleich leben

Geben und nehmen, im ausgeglichenen Verhältnis, stellt für viele Menschen ein großes Problem dar. Man nimmt leicht mehr, als man gibt. Dies läßt sich im alltäglichen Leben sehr gut beobachten: Entweder ist man zu materiell ausgerichtet, oder man nimmt zuviel Gefühl, Aufmerksamkeit und Liebe für sich in Anspruch, ohne das Erhaltene wieder an das Umfeld, an die Mitmenschen, abzugeben. Nehmen und geben muß sich in einem ständigen Fluß befinden; stoppt jemand diesen Vorgang, dann sind Einseitigkeit und Stillstand die Folge.

Krankheiten von vornherein vermeiden heißt das wahre Ziel. Leben Sie deshalb bewußt, beobachten Sie sich und Ihre aktuelle Lebenssituation. Und vermeiden Sie Überforderungen.

Prüfen Sie Ihre momentane Gesundheit!

Gleichgültig, ob Sie derzeit krank sind oder sich noch völlig gesund fühlen: Jeder kann krankheitsanfällig sein, ohne es tatsächlich zu wissen. Prüfen Sie Ihre derzeitige Situation daher mit Hilfe der folgenden Fragen; so erfahren Sie viel über sich selbst und können rechtzeitig mit den Bach-Blüten vorbeugen.

- Fühlen Sie sich zur Zeit angespannt und überlastet?
- Müssen Sie seit längerer Zeit über Gebühr arbeiten?
- Arbeiten Sie viel, um etwas zu vergessen?
- Leiden Sie an einer Doppel- oder Mehrfachbelastung – z. B. als Ehefrau, Mutter, Alleinerziehende, Berufstätige ...?
- Treten regelmäßig wiederkehrende Beschwerden auf – wie Husten, Schnupfen, Allergien, Rücken- oder Magenschmerzen?
- Haben Sie häufig Probleme mit der Verdauung?
- Sind Sie chronisch krank – psychisch oder körperlich?
- Gibt es Dinge in Ihrem momentanen Leben, die Ihnen schon seit längerer Zeit nicht gefallen?
- Möchten Sie etwas in Ihrem Leben ändern, scheuen aber noch die Konsequenzen?
- Haben Sie Angst vor etwas oder einer bestimmten Person?
- Befürchten Sie negative Veränderungen, wenn Sie heute sagen, was Ihnen in Ihrem Leben nicht gefällt?
- Haben Sie nicht den Mut, sich beruflich durchzusetzen oder am Arbeitsplatz auf notwendige Veränderungen zu drängen?

Sollten Sie nur eine oder sogar mehrere Fragen mit Ja beantwortet haben, dann sind Sie latent krankheitsanfällig. Keine Angst, das muß nicht bedeuten, daß Sie demnächst tatsächlich krank werden, denn noch ist Zeit, die Notbremse zu ziehen, Veränderungen herbeizuführen und damit die allgemeine Lebenssituation wieder zu optimieren.

Lassen Sie sich dabei mit den 38 Bach-Blütenessenzen helfen, denn allein könnten Sie mit einer Streßsituation schnell überfordert sein.

Herz

Im Vergleich zu den meisten Organen ist die Herzmuskulatur nicht dem Willen unterworfen. Das Herz schlägt selbständig und steuert das Leben als wichtigstes Organ im Körper.
Viele Redewendungen zeigen eine Verbindung des Herzens mit Gefühlen wie Freude, Glück, Kummer, Haß, Neid und Trauer: »Das ist mir zu Herzen gegangen.« Oder: » Sie haben kein Herz für Tiere.«

Herzklopfen, wenn Sie ihn sehen? Ein gebrochenes Herz nach der Scheidung? Nur zu Recht heißt es, daß Liebe eine Herzensangelegenheit ist, und nicht umsonst schnitzen frisch Verliebte Herzen in die Bäume.

Herzensangelegenheiten machen krank

Herzerkrankungen zwingen die Patienten dazu, wieder auf ihr Herz zu hören, nicht allein nur aus dem Verstand heraus zu handeln, sondern auch die Gefühle mit einzubringen.

- Menschen mit zu niedrigem Blutdruck kapitulieren vor ihren Konflikten häufig niedergeschlagen bis depressiv.
- Bei zu niedrigem Blutdruck tritt manchmal sogar eine Ohnmacht ein, wenn die Betroffenen sich ohnmächtig – d. h. hilflos – einem Problem ausgesetzt fühlen.
- Menschen mit zu hohem Blutdruck leiden ebenfalls an nicht gelösten Problemen, hier arbeitet die Seele auf Hochtouren. Durch gewollte Überaktivität und Streß lenken sie sich von ihren Konflikten ab, um sich ihnen nicht stellen zu müssen.

Blase

Die Blase ist das Organ, das Flüssigkeit im Körper aufnimmt, die über die Nieren aus der Nahrung gefiltert wurde. Sie ist sehr dehnbar und kann viel Flüssigkeit speichern. Diese Aufnahmefähigkeit ist jedoch begrenzt; der Druck zwingt, Urin loszulassen.

Psychischer Druck verlangt Reaktionen

Störungen der Blase lassen oft einen psychosomatischen Zusammenhang erkennen. Streßsituationen, Konflikte und ungelöste Probleme bedingen einen starken psychischen Druck, der sich in Form von Blasenbeschwerden ausdrücken kann. Denn auch psychischer Druck drängt darauf, losgelassen zu werden.

Krankheiten werden sehr oft unbewußt als Machtmittel eingesetzt, um die nötige oder fehlende Aufmerksamkeit der Mitmenschen zu erhalten.

Loslassen und entspannen können wir aber oftmals nicht. Ein Mensch hat uns sehr verletzt, oder ein Problem bewegt uns sehr, aber wir können die Enttäuschung momentan nicht verkraften, die Situation so schnell nicht ändern, das Problem nicht gleich lösen. Dennoch steht der Wunsch loszulassen an erster Stelle. Der Druck soll verringert werden, man will sich entspannen, nachgeben. Eine solche negative Situation zwingt zum Handeln. Man muß sich vielleicht von alten Denkmustern der Vergangenheit oder einem geliebten, aber für einen selbst ungesunden Partner lösen.

Bettnässer stehen unter Druck

Ein sehr gutes Beispiel aus der Praxis verdeutlicht das Thema am Problem Bettnässen. Das betroffene Kind erlebt ständig angsterregende Situationen. Es steht unter extremem psychischen Druck, weil es sich nicht äußern kann oder nicht ernst genommen wird. Dieser Druck wird immer stärker und äußert sich schließlich in Form von nächtlichem Bettnässen. Die Eltern sind hilflos und überfordert.

Weiße Blüten mit grünen Streifen hat der Star of Bethlehem; er blüht im April und Mai in Wäldern und auf Feldern.

Für das Kind ist es ein Hilfeschrei der Seele und zugleich eine Demonstration von Macht, da es jetzt endlich die Aufmerksamkeit der Eltern erhält.

Darm

»Der Tod sitzt im Darm.« Dieser Ausspruch ist all denjenigen bekannt, die sich mit Naturheilkunde befassen. Kein Geringerer als F. X. Mayr (1875–1965) hat diesen Satz gesagt. Er war Arzt und befaßte sich ausgiebig mit der Ernährung und dem Fasten. Er erkannte, daß aufgrund von Ernährungsfehlern schwerwiegende Darmerkrankungen auftreten können, die den gesamten Organismus schädigen. Die Aufgaben des Darms sind Aufspaltung und Verdauung der Nahrung. Die verwertbaren Stoffe werden von den nicht verwertbaren getrennt. Hier im Darm findet das Abwägen – d. h. die Analyse des Aufgenommenen für den Körper – statt.

Die Edelkastanie, Sweet Chestnut, gedeiht auf lockeren Böden und braucht Licht. Ihre gelblichen Blüten können Sie zwischen Juni und August entdecken.

Der Darm verdaut – Nahrung und Probleme

Je besser die Verdauung, um so gesünder der Mensch. Aber nicht allein die Nahrung muß der Darm verdauen, auch offene Fragen und Konflikte belasten ihn und beeinträchtigen die Verdauung.

Im Volksmund finden sich treffende Beispiele für die große Bedeutung des Darms: »Er hat die Niederlage noch nicht verdaut.« Oder: »Das wäre beinahe in die Hose gegangen.« Dahinter stecken Probleme, die man nicht artikulieren kann und deshalb verdrängt. Unterdrückte Wut und Haßgefühle, Kummer und Angst werden im Bauchraum angesammelt. Anschließend kommt es zu akuten und später zu chronischen Darmleiden wie Verstopfung oder Durchfall.

- Verstopfung spiegelt Nicht-loslassen-Können – sei es, daß man an einer bestimmten Person hängt oder eine bestimmte Begebenheit nicht vergessen kann. Der Stuhlgang ist ein Hergeben, und man sieht im Nicht-geben-Wollen auch den Geiz eines Menschen, der auf seinen materiellen Werten sitzt.
- Bei Durchfall verhält es sich umgekehrt. Mit Hilfe einer zu schnellen oder gar nicht mehr vorhandenen Verdauung werden die Dinge unverdaut ausgeschieden – psychisch wie körperlich.

Gallenblase

»Ihnen ist aber heute die Galle übergelaufen« – dieser Satz kommt Ihnen sicherlich bekannt vor. Die Gallenblase ist der Ort, an dem der von der Leber produzierte Gallensaft gesammelt wird. Die Gallenblase reagiert sehr empfindlich auf psychische Störungen und rächt sich unter Umständen mit der Bildung von Gallensteinen.

Wenn die Galle überläuft

Gallenleiden treten sehr häufig bei Menschen auf, die ihre Aggressionen nicht frei äußern können und sie dann selbstzerstörerisch nach innen lenken. Diese Menschen erleben ihren Ärger sehr bewußt, können aber ihre Wut nicht abbauen, was für sie sehr wichtig wäre.

Es gibt Untersuchungen, die belegen, daß Gallensteine bei verheirateten Frauen weitaus häufiger anzutreffen sind als bei Männern, die meistens ihre Aggressionen abbauen – z. B. beim Sport. Viele Frauen sind dagegen nicht in der Lage, ihre Aggressionen auszuleben, und schlucken statt dessen alle negativen Gefühle hinunter. Das erzeugt eine psychische Belastung und in der Folge Krankheiten.

Krankheit als Chance
Krankheit bereitet Kummer und meist auch Schmerzen. Aber Krankheit kann auch eine sinnvolle Lebenskrise sein. Für die Betroffenen ist es wichtig, falsch eingeschlagene Wege im Leben wieder zu verlassen, die eigene Lebensplanung neu zu überdenken und gegebenenfalls zu korrigieren.
Bedenken Sie: Jede Frustration und alle negativen Gedanken vergiften das so notwendige positive Lebensgefühl. Dies führt früher oder später zu einer Erkrankung! Betrachten Sie Erkrankungen deshalb immer im Zusammenhang mit Ihrer aktuellen Lebenssituation. Vielleicht will Ihnen Ihr Körper etwas Wichtiges mitteilen.

Leber

Die Leber ist ein riesiges chemisches Labor im Körper. Hier finden die wichtigsten Stoffwechselprozesse statt. Fremde und auch körpereigene Gifte werden isoliert und über die Gallenblase und die Nieren ausgeschieden. Die Leber hat natürlich noch weitere, umfassende Funktionen, auf die hier nicht weiter eingegangen werden kann. Ihre Hauptaufgabe ist die Prüfung, welche Stoffe für den Körper verwertbar sind und welche nicht.

In der Akupunkturlehre wird die Leber als das Feuer des Lebens bezeichnet. Ist die Leberfunktion gestört, so kommt es auch bei anderen Organen zu Störungen.

Alles kann die Leber nicht verarbeiten

Lebererkrankungen deuten auf eine unausgeglichene Situation hin. Das rechte Maß wurde überschritten, man hat von allem zuviel – d. h. über die Maßen – konsumiert. Das kann die Nahrung und die damit verbundenen Fette und Kohlenhydrate betreffen; Alkohol, Medikamente, Drogen oder aber eine Anhäufung von Konflikten und zuviel Negativität von außen können die Ursache sein.
Nun kommt es darauf an, alles wieder maßvoll zu sich zu nehmen, unterscheiden zu lernen, was gut und gesund ist – nicht nur auf die Nahrung bezogen, sondern auch auf die Umwelt und den menschlichen Umgang. Fragen Sie sich: Wo habe ich über die Verhältnisse

gelebt? Wann habe ich nicht wirtschaftlich mit meinen körperlichen und psychischen Kräften gehaushaltet? Erst wenn sich der Körper wieder im Gleichgewicht befindet und die Leber nicht mehr überfordert ist, haben Sie ausreichend Energie und sind aktiv.

Magen

Im Magen bleibt so manches schwer liegen! Nicht nur der spätabends gegessene Schweinebraten, der Stunden zur Verdauung braucht; auch der Ärger mit dem Vorgesetzten, der Streit mit dem Partner …

Der Magen ist das Aufnahmeorgan für Nahrung und alle Eindrücke des täglichen Lebens. Durch die Produktion von verschiedenen Sekreten ist der Magen in der Lage, das Aufgenommene zu verdauen. Redewendungen wie »Die Trennung habe ich bis heute nicht verdaut« und »Das war wie ein Schlag in die Magengrube« zeigen, wie stark der Magen mit den Gefühlen gekoppelt ist.

Wenn die Probleme im Magen liegen

Magengeschwüre sind oft das Ergebnis von jahrelangem Ärger und Konflikten, die hinuntergeschluckt, aber nicht verarbeitet wurden. Streß produziert zuviel Magensäure; dies führt zu einer Übersäuerung des Magens und damit zur Entstehung von Magengeschwüren. Manches hat zwar sauer aufgestoßen, aber man hat lieber geschwiegen und alles in sich hineingefressen. Magenkranken fehlt das Vertrauen zu sich selbst, Konflikte konstruktiv zu lösen. Sie sollten lernen, ihre Probleme zu bewältigen, statt sie selbstzerstörerisch gegen sich selbst zu richten.

Nieren

»Das ist Ihnen wohl an die Nieren gegangen?« Aussprüche wie diesen kennen Sie sicher. Wenn Menschen sich gegenseitig verletzen, dann kann das leicht die Nieren angreifen.
Die paarweise im Körper angeordneten Nieren filtern den Harn. Sie sorgen für die Entgiftung des Bluts und halten den lebenswichtigen Säure- und Basenhaushalt im Gleichgewicht. Man könnte sagen, die Nieren unterscheiden zwischen gut und böse, gesund und krank, sie achten auf eine ausgeglichene Harmonie im Körper.

Negative Gefühle belasten die Nieren

Die Nieren symbolisieren Partnerschaften. Tod, psychische Spannungen, Trennungen und Disharmonie in Partnerschaften werden nicht selten von Nierenerkrankungen begleitet. Die Ursachen für Nierenbeschwerden liegen entweder in der Unfähigkeit, nach dem Verlust eines geliebten Partners richtige Trauerarbeit zu leisten, oder in versteckten Gefühlen wie Haß oder Wut und starken Aggressionen.

Körper und Psyche – eine Einheit

Die Aufstellung der Organe und ihrer psychischen Entsprechungen in diesem Buch ist nicht vollständig, das würde seinen Rahmen sprengen. Sie soll Sie lediglich dazu anregen, sich umfassender mit Ihrem Körper zu befassen. Das ist notwendig, wenn Sie sich Bach-Blüten verordnen lassen oder eine Eigenbehandlung mit Hilfe der 38 Blütenessenzen durchführen möchten.

- Bach-Blüten sind keine Zaubermittel, die sofortige Wirkung zeigen.
- Ihre Anwendung kann Ihnen aber helfen, energetische Blockaden im Körper zu lösen und anschließend eine bessere Versorgung aller Organe zu garantieren.
- Und die Blütenessenzen können Sie unterstützen, schneller gesund zu werden und in Zukunft nicht mehr zu erkranken.

Probleme machen krank

Mit Ihren Problemen, der eigentlichen Ursache vieler Krankheiten, sollten Sie sich ehrlich auseinandersetzen. Versuchen Sie, sie konstruktiv zu lösen. Packen Sie die Ursache Ihres Unwohlbefindens und Ihrer Frustration an der Wurzel, auch wenn es schwerfällt, die Eigenverantwortung zu erkennen, und bestimmte Erkenntnisse psychisch sehr schmerzlich sein können. Nur auf diese Weise ist es Ihnen möglich, Ihre Ängste zu überwinden und Ihre Leiden auf Dauer zu beenden. Denn Krankheit ist ein Weg zur Selbsterkennung, und jede Krankheit läßt Sie reifer und weiser werden.

Machen Sie sich Gedanken darüber, welche Beschwerden Sie haben und was die Ursache der Erkrankung sein könnte.

BEISPIELE AUS DER NATUR-HEILPRAXIS

Von Allergien und Hautkrankheiten bis hin zu Herzbeschwerden und Schockzuständen – all diese körperlichen Erkrankungen stehen in engem Zusammenhang mit Ihrer Psyche, momentanen Belastungen, Ärger, Streß und Freude. Hier helfen Bach-Blüten erfolgreich.

Wie Bach-Blüten körperliche Beschwerden heilen

Bach-Blüten beeinflussen die Psyche und heilen indirekt körperliche Beschwerden. Sie werden Krankheiten, unter denen Sie in der Vergangenheit litten oder an denen Sie momentan noch leiden, aus einem anderen Blickwinkel und zudem kritischer betrachten, wenn Sie die Wechselwirkung von Körper und Psyche mitberücksichtigen.

Die Wechselwirkung von Körper und Psyche war eines der Hauptinteressen von Dr. Bach.

Allergien

Betroffen ist eine attraktive, verheiratete Frau

Frau A. ist eine sehr attraktive Frau mittleren Alters, sehr gut situiert, verheiratet mit einem Manager in gehobener Position; sie hat ein Kind und ist nicht berufstätig.
Sie kam in die Praxis wegen unerklärlicher Hautausschläge, kleiner, roter, juckender Pünktchen am Hals, auf den Unterarmen, an den Händen und Beinen. Schon seit acht Jahren litt sie darunter. Sie hatte sich von zahlreichen Ärzten und Heilpraktikern untersuchen lassen, war stationär zwei Wochen in der Hautklinik gewesen, um sich einem umfangreichen Allergietest zu unterziehen. Um Nahrungsmittelallergien auszuschließen, hatte sie sogar eine Fastenkur gemacht. Sie hatte mehrmalige Darmsanierung, Pilzdiäten u. v. m. hinter sich, aber nichts zeigte eine Wirkung.

Lebenslustig, aber penibel

Sie war eine sehr lebenslustige Frau mit viel Temperament und Unternehmungsgeist. Da sie seit Jahren durch die Kindererziehung eingeschränkt war, lebte sie sich in ihrer Villa aus. Es war alles peinlichst sauber und gepflegt. Sie übertrieb ihre Ordnungsliebe so sehr, daß sie jede im Haushalt anwesende Person mit ihrem immer ausgeprägter werdenden Putztick terrorisierte. Der Tag mußte nach einem strengen Plan ablaufen. Sie setzte sich mit der Bewältigung ihres Haushalts und der Erziehung ihres Sohnes selbst unter Druck.

Wohlhabend, aber unglücklich

Nach längeren Untersuchungen und Gesprächen gestand sie, daß sie sich zutiefst unglücklich und einsam in ihrer Ehe fühle, diese aber wegen des Kindes aufrechterhalte. Sie fühlte sich einsam in ihrem Haus, da ihr Ehemann sehr viel und sehr lange arbeiten mußte und oft Dienstreisen unternahm. Sie hatte keine eigentliche Aufgabe und besaß für sich keine positiven Zukunftsvisionen. Außerdem fühlte sie sich als Frau nicht bestätigt, da sich die Partner entfremdet hatten. Sie versuchten aber, den Schein der glücklichen Ehe nach außen hin zu wahren.

Der psychische Druck nahm ständig zu. Ihr Inneres wehrte sich gegen die äußeren Zwänge, aus denen sie sich, wie sie meinte, im Moment nicht lösen könne.

Die psychische Belastung löst Allergien aus

Die ständigen unterdrückten Aggressionen gegen ihren Ehemann, die Enttäuschung und Wut auf ihr gesamtes bisheriges Leben äußerten sich in schubweisen, explosionsartigen Allergien. Die Bach-Blütenanamnese brachte dieses Problem an den Tag, und das half ihr, die Tatsachen realistisch zu sehen.

Lila bis malvenfarben blüht Vervain von Juli bis September. Das Eisenkraut wächst auf trockenen Böden.

Bach-Blüten helfen

- Crab Apple hat sich bisher bei Hauterkrankungen sehr gut bewährt, und bei Frau A. veränderte diese Blütenessenz zusätzlich den übersteigerten Reinlichkeitstick.
- Centaury half ihr, nicht immer nur anderen in ihrem Leben zu dienen, sondern sich endlich um ihre eigenen Bedürfnisse und Wünsche zu kümmern.
- Willow unterstützte sie darin, ihre Verbitterung zu überwinden.
- Hornbeam baute ihr mangelndes Selbstvertrauen wieder auf.

Das Leben ändert sich

Die Wirkung dieser Bach-Blütenmischung zeigte sich nach ca. sechs Wochen. Unterstützend dazu bekam sie Akupressur. Ich regte sie an, etwas für sich selbst zu tun. Sie kaufte sich Literatur über Bach-Blüten und lernte sich damit selbst besser kennen. Sie nahm gegen den Willen ihres Ehemanns eine Teilzeitbeschäftigung an und wurde mit der Zeit wesentlich ausgeglichener. Dies kam der gesamten Familie zugute. Ihre Allergie ist seit zwei Jahren nicht mehr aufgetreten.

Asthma

Betroffen ist eine Mutter von zwei Kindern

Asthma und psychosomatische Zusammenhänge – dafür steht das folgende Beispiel: Die Patientin ist eine sympathische junge Frau. Sie war verheiratet und Mutter von zwei Kleinkindern. Sie selbst war seit ihrer Kindheit eine sehr unsichere Persönlichkeit. Sie stand in ihrer Jugend nicht auf der Sonnenseite des Lebens und ging sehr früh eine Bindung ein, um dem freudlosen Elternhaus zu entkommen. Bei ihrem Mann fand sie jedoch nicht die ersehnte Wärme und Geborgenheit. Sie hielt trotzdem an dieser Partnerschaft fest und bekam in kurzen Abständen zwei Kinder, denen sie eine außerordentlich gute Mutter war.

Setzen Sie bei Beziehungsproblemen nicht auf Kinder! Die in solchen Fällen meist erhoffte Besserung der Beziehung bleibt häufig aus.

Ein Asthmaanfall bedeutet Macht

Ihre immer häufiger auftretenden Asthmaanfälle wurden zuerst auf eine Katzenallergie zurückgeführt, die sich dann aber nicht bestätigte. Asthma und der damit verbundene Lufthunger sowie das angstmachende Gefühl des möglichen Erstickens weisen auf starke Ängste hin. Unterdrückte Aggressionen und das Gefühl der Ohnmacht, nichts an den äußeren Umständen ändern zu können, sind damit verbunden.

An Asthma erkranken immer mehr Menschen, oft schon Kinder. Für die Betroffenen ist es wichtig, die eigentliche Ursache der Erkrankung zu erkennen.

Ein Anfall bringt unbewußt Erleichterung, endlich kann die Betroffene einmal alles herauslassen; gleichzeitig erhält sie die sehnlichst gewünschte Aufmerksamkeit bzw. Zuwendung und kann in diesem Moment drohen: »Sei nett zu mir – sonst machst du mich krank!«

Das Leben ändert sich

Mit der Unterstützung der Bach-Blütentherapie konnte sich die Patientin neue Lebensziele stecken. Sie begann eine neue berufliche Ausbildung und plant eine baldige Trennung von ihrem ungeliebten Ehemann, um diese für beide Seiten deprimierende Partnerschaft zu beenden.

Bach-Blüten helfen

- Cerato gab ihr Vertrauen in die eigene Intuition.
- Hornbeam glich die lähmende Müdigkeit und Erschöpfung aus.
- Mimulus half gegen die bestimmten Ängste.
- White Chestnut besänftigte ihre ständig kreisenden, quälenden Gedanken.

Herzneurose

Betroffen ist ein Mann mittleren Alters

Nach der Trennung von seiner langjährigen Partnerin, die er nicht verarbeitet hatte, bekam ein Patient mittleren Alters akute Herzschmerzen mit rapidem Blutdruckanstieg. Die gründlichen ärztlichen Untersuchungen ergaben keinen Befund. Der Patient bekam Beta-Blocker und Beruhigungsmittel verschrieben. Er verbrachte sogar einige Tage zur Beobachtung im Krankenhaus. Wieder nach Hause entlassen, war er nicht in der Lage, zur Arbeit zu gehen. Er verkroch sich zu Hause und hatte weiterhin seine Herzattacken, verbunden mit starken Angstgefühlen.

Sein Arzt machte ihn darauf aufmerksam, daß es sich hierbei um psychosomatische Erscheinungen handle und er gern mit ihm über den Grund seiner Verzweiflung sprechen könne. Es stellte sich heraus, daß er massive Schuldgefühle seiner ehemaligen Partnerin gegenüber hatte, da er sie während ihrer Beziehung massiv unterdrückt und ständig betrogen hatte. Erst jetzt, als sie ihn verlassen hatte, sah er, was er mit ihr verloren hatte. Er ging dann zu psychotherapeutischen Sitzungen.

Bach-Blüten helfen

- Cherry Plum besänftigte die Angst, den Verstand zu verlieren.
- Mustard wirkte gegen wiederkehrende Verzweiflung.
- Honeysuckle stärkte dieFähigkeit, Vergangenes loszulassen.
- Rescue Remedy half gegen die akuten Angstzustände.

Das Leben ändert sich

Nach ca. sechs Monaten konnte er wieder arbeiten. Nach ca. zwölf Monaten gelang ihm eine Aussprache mit seiner Expartnerin. Dieses Gespräch half ihm, seine Schuldgefühle zu artikulieren und sie um Verzeihung zu bitten. Die beiden fanden zwar nicht mehr zu einer Partnerschaft zusammen, aber sie haben bis heute eine warmherzige, freundschaftliche Beziehung.

Schock

Betroffen ist eine Seekranke

Ein unvorhergesehenes Ereignis, ein Unfall, eine plötzliche Notsituation – für einen Schock gibt es viele Ursachen. Hier helfen Dr. Bachs Notfalltropfen!

Unter schwerem Schock stand eine unserer Patientinnen während ihres Weihnachtsurlaubs. Sie war mit ihrem Ehemann in die Karibik geflogen, und sie hatten dort gemeinsam an einem Yachtausflug mit Tauchgang teilgenommen. Das Wetter war schon am Morgen nicht einwandfrei, und es kam schwere See auf, so daß das Tauchen abgebrochen werden mußte. Als die Yachtcrew wieder zum Hafen zurückkehren wollte, konnte der Motor nicht mehr angelassen werden. Die Männer versuchten, den Motor bei hohem Wellengang und stürmischer See über mehr als drei Stunden zu reparieren.
Unsere Patientin stand unter schwerem Schock, da sie Angst vor

Rescue Remedy, die Notfalltropfen von Dr. Bach, sind das ideale Mittel bei Schock. Sie helfen rasch, innerhalb weniger Stunden.

Wasser hatte, nicht schwimmen konnte und außerdem seekrank war. Zurück im Hotel, nahm sie sofort Rescue Remedy. Es half!

Betroffen ist auch eine Autofahrerin

Große Aufregung herrschte, als eine Patientin direkt vor unserer Praxis ein anderes Auto rammte und es erheblich beschädigte. Das es sich zudem um das sehr teure Auto ihres Ehemanns handelte, war sie völlig verzweifelt. Wir gaben ihr sofort Rescue Remedy, und ihre Aufregung legte sich.

Betroffen ist auch eine Lehrerin

Nervosität und Anspannung sind bei Lehrern häufig. Erhöhte Aggressivität und Gewaltbereitschaft unter den älteren Schülern sind heutzutage üblich. Das erlebte eine Patientin, die eine besonders unruhige und aggressive Klasse zu betreuen hatte.
Aufgrund der Hänseleien und Unterdrückung der Mitschüler erlitt ein ruhiges, unauffälliges Mädchen in ihrer Klasse einen Nervenzusammenbruch. Die Sanitäter mußten geholt werden und nahmen sie zur Beobachtung in das nächste Krankenhaus mit. Dieser Vorfall schockierte die Lehrkraft dermaßen, daß ihr eine Kollegin Bach-Blüten gab. Es handelte sich um Rescue Remedy.

Aus den grünen, duftenden Blüten der Weinrebe wird die 32. Blütenessenz Vine gewonnen. Sie bremst die allzu willensstarken Tyrannen.

Hauterkrankungen

Die Ursachen für individuelle Hauterkrankungen sind sehr vielfältig. Bakterien oder Pilze, internistische, hormonelle und viele andere Faktoren können die Ursache sein. Sehr oft handelt es sich bei Hautproblemen auch um psychische Probleme, da die Haut der Spiegel der Seele ist.

Bach-Blüten helfen auch bei Hauterkrankungen, denn gerade diese sind ein Hinweis auf psychische Probleme – nicht nur in der Pubertät.

Betroffen ist eine 19jährige

Ich hatte einen besonders gravierenden Fall von Hauterkrankung zu betreuen. Es handelte sich um eine junge Patientin von 19 Jahren, bildhübsch, intelligent und freundlich. Sie kam auf Umwegen in die Praxis. Die Mutter hatte sie unter einem Vorwand in meine Praxis geschickt, da die Tochter niemals zu einer Heilpraktikerin gegangen wäre, um sich behandeln zu lassen.

Nachdem ich ihr sympathisch war, fragte ich sie beiläufig nach ihrer Haut. Sie erzählte mir folgende Geschichte: Weil in der Schule die anderen Mitschülerinnen neidisch auf ihr gutes Aussehen waren und sie dies überhaupt nicht verstand – denn sie selbst empfand sich nicht als gutaussehend – fühlte sie sich sehr unglücklich. Deshalb manipulierte sie zwanghaft so lange mit allen möglichen spitzen Gegenständen an ihrer Gesichtshaut herum, bis sie sich stark entzündete. Es handelte sich also nicht um eine Akne, sondern um sich selbst zugefügte Wunden, die sich bereits zu Narben ausgebildet hatten.

Nachdem ich ihr Vertrauen gewonnen hatte, stimmte sie zu, sich von mir helfen zu lassen. Sie bekam verschiedene Behandlungen, und wir hatten sehr lange Gespräche, auch mit den Eltern, was schließlich zu einem Schulwechsel führte.

Bach-Blüten helfen

- Hornbeam hilft gegen Selbstzweifel.
- Cerato behebt das mangelnde Selbstvertrauen.
- Crab Apple eignet sich gegen Gefühle der Unreinheit.
- Beech hilft gegen Realitätsverlust.
- Oak unterstützt beim Ankämpfen gegen Schwierigkeiten.

Erkrankungen sind ein äußeres Zeichen für innere Probleme. Sehen Sie eine plötzliche Krankheit nie allein als körperliche Einschränkung an, gegen die eine Medizin hilft.

Erkrankungen deuten auf die Psyche

Sie finden in diesem Buch zahlreiche Fallbeispiele aus der täglichen Naturheilpraxis, die eine gegenseitige Beeinflussung von Körper und Psyche eindrucksvoll belegen.

Beschwerden	Mögliche Ursachen
Aggressivität	Unterdrückte Gefühle
Akne	Ablehnung der eigenen Person
Allergien	Abwehr gegenüber einer Person oder bestimmten Ereignissen
Alpträume	Unverarbeitete Konflikte
Angst	Kein Vertrauen in die eigene Stärke
Apathie	Widerstand gegen Gefühle
Appetitlosigkeit	Angst vor dem Leben
Asthma	Unfähig zu geben, Unterdrückung
Bandscheibenvorfall	Fühlt sich im Stich gelassen, überfordert
Bauchspeicheldrüse	Verbitterung, Enttäuschung
Beinleiden	Zukunftsangst
Bettnässen	Angst vor Bezugspersonen, Mangel an Liebe und Zuwendung
Blasenleiden	Angst loszulassen
Blutdruck, hoher	Die Psyche arbeitet auf Hochtouren, viele ungelöste Probleme
Blutdruck, niedriger	Kapituliert leicht, bekam als Kind zuwenig Liebe, geringes Selbstwertgefühl
Bronchitis	Problematische Familienverhältnisse, Aggressivität und Streitereien

Beschwerden	**Mögliche Ursachen**
Darmprobleme	Mangelhafte Verarbeitung der Vergangenheit und von Unterbewußtem
Ekzem	Psychischer Widerstand, Ausbruch, verdrängte Konflikte
Entzündungen	Abwehr gegen etwas; aufgestaute Konflikte, die ausbrechen
Erkältungen	Zuviel war zu verkraften, Rückzug, Pause, »die Nase voll haben«
Gelenkleiden	Lebensweg und Richtung sind zu ändern
Genitalbeschwerden	Selbstzweifel, Schuldkomplexe, nicht ausgelebte Sexualität
Haarausfall	Streß, Anspannung, Sorgen, alles kontrollieren wollen
Halsprobleme	Ungerechtigkeit und Zorn wurden zu lange geschluckt, nicht für sich selbst eintreten können
Hauterkrankungen	Hilferufe der Seele
Herzleiden	Freudlosigkeit, emotionale Probleme
Heuschnupfen	Aufgestaute Gefühle, Angst
Ischias	Zukunftsängste, Geldprobleme
Kehlkopfentzündung	Ungerechtigkeit und Wut haben »die Sprache verschlagen« lassen
Knochenleiden	Druck, Spannung, Autoritätsprobleme
Kopfschmerzen	Angst, Perfektionismus, Selbstbestrafung
Lebererkrankungen	Widerstand gegen Neues, Wut und negative Gefühle

Selbstverständlich müssen Sie ernste Erkrankungen medizinisch behandeln lassen; aber bedenken Sie auch Ihre aktuelle Lebenssituation. Vielleicht können Sie etwas ändern.

Organbeschwerden deuten oft auf ganz bestimmte Belastungen und psychische Probleme hin. Hören Sie auf Ihren Körper!

Beschwerden	**Mögliche Ursachen**
Lungenprobleme	Trauer und Depressionen
Magenprobleme	Probleme, die Wahrheit zu verdauen; Angstgefühle
Magersucht	Selbsthaß, Probleme mit der eigenen Sexualität
Mandelentzündung	Unterdrückung, nicht ausgelebte Kreativität
Menstruationsprobleme	Angst, Ablehnung
Migräne	Unterdrückter Ärger
Nervenentzündungen	Schmerz als Bestrafung
Nierenprobleme	Enttäuschung, Partnerschaftskonflikte
Ohrenerkrankungen	Man will bestimmte Dinge nicht hören
Prämenstruelles Syndrom	Unzufriedenheit, unglücklich und überfordert
Rheumatismus	Verbitterung, mangelnde Liebe
Rückenprobleme	Fehlende Liebe, mangelnde Unterstützung, finanzielle Probleme
Schlaflosigkeit	Schuldgefühle, Ängste
Stottern	Mangelndes Selbstwertgefühl, als Kind unterdrückt und ungeliebt
Übergewicht	Dient als Schutz vor Angst, Selbstablehnung, liebebedürftig
Untergewicht	Siehe: Magersucht
Verstopfung	Läßt die Vergangenheit nicht los, Geiz
Wechseljahrebeschwerden	Angst, nicht begehrenswert zu sein; Angst vor Einsamkeit
Zahnprobleme	Mangelnde Entschlußfähigkeit, Aggressionen

Übergewicht

Abzunehmen ist der Wunsch fast jeder zweiten Frau und jedes dritten Mannes. Die guten Vorsätze hierzu sind meistens vorhanden, aber dieses Vorhaben scheitert dann an der eigenen Selbstdisziplin. Bach-Blüten können hier die Willenskraft zur Reduzierung des eigenen Gewichts stärken. Denn Abnehmen findet nicht auf der Waage statt oder lediglich durch das Einhalten von Diäten – nein, Abnehmen beginnt im Kopf. Ein Ziel, das man sich gesetzt hat, muß konsequent verfolgt werden.

Bikini-Diät, Ananas-Diät, Hollywood-Diät? Vergessen Sie die unzähligen Diätvorschläge, und versuchen Sie es mit einer neuen Einstellung und festem Willen. Bach-Blüten helfen Ihnen.

Bach-Blüten helfen

- Gentian wirkt einer schnellen Entmutigung entgegen.
- Larch kompensiert die Erwartung von Fehlschlägen.
- Pine gleicht schwaches Selbstvertrauen aus.
- Cerato wirkt mangelndem Selbstvertrauen entgegen.
- Impatiens hilft zusätzlich den Ungeduldigen.

Prämenstruelles Syndrom

Unter dem prämenstruellen Syndrom, den regelmäßig wiederkehrenden Beschwerden vor der Menstruation, leidet fast die Hälfte aller Frauen. Diese hormonell verursachten Verstimmungen kurz vor dem Einsetzen der Menstruation können sich auf zweierlei Art äußern: Entweder kommt es zu großer Traurigkeit und Depression oder zu Nervosität und Aggressivität.

Bach-Blüten helfen

- Olive beseitigt Erschöpfungszustände.
- Pine gleicht schwaches Selbstvertrauen aus.
- Mustard hilft gegen Schwermütigkeit.

Hier können Sie gute Erfolge erzielen mit:

- Holly bei negativen Gedanken
- Impatiens gegen Ungeduld
- Wild Oat gegen Unzufriedenheit

Schwangerschaft

Eine Schwangerschaft versetzt jede Frau in eine völlig neue Lebenssituation. Um damit besser fertig zu werden, können Ihnen Bach-Blüten helfen.

Heutzutage sind die meisten Frauen sehr verantwortungsbewußt und bestrebt, für sich und das noch Ungeborene die optimalen Voraussetzungen zu schaffen.
Das beginnt schon mit der Suche nach der richtigen Hebamme und dem geeigneten Krankenhaus. Deshalb sind die Bach-Blüten für die angehenden Mütter oft eine ideale Therapie bei der Bekämpfung typischer Beschwerden. Mit ihnen lindern sie Schwangerschaftsprobleme natürlich, ohne Nebenwirkungen und mit Sicherheit auch ohne eine Schädigung des Babys.

Nicht schwanger?

Sie sind auf der Karriereleiter ganz oben, haben die gesteckten Ziele erreicht, leben in einer harmonischen Beziehung und sind sicher, daß Sie zusammenbleiben möchten. Materiell und räumlich ist schon alles für den Nachwuchs vorbereitet – nur er stellt sich nicht ein! Monat für Monat wird das freudige Ereignis erwartet, aber es tut sich nichts.

Medizinische Untersuchungen bei Ihnen und Ihrem Partner waren negativ; organisch sind Sie gesund. Diese Fälle sind häufig. Meist sind Frauen zwischen 28 und 38 Jahren betroffen. Sie sind selbständig, zielstrebig, intelligent und sehr verantwortungsbewußt. Sie sind gewohnt, ihr Leben und ihre Ziele akribisch genau zu planen.

Bach-Blüten helfen

- White Chestnut vertreibt quälende Gedanken.
- Rock Water schützt die Frau vor Überforderung.
- Impatiens hilft gegen die Ungeduld.
- Gentian unterstützt bei Entmutigung.

In vielen Fällen stellt sich nach ca. sechs bis acht Monaten die langersehnte Schwangerschaft ein. Die Frauen hatten dank der Bach-Blüten eine unverkrampftere Einstellung zur Schwangerschaft erreicht, und so verloren sie den inneren Druck, schwanger werden zu wollen.

Die Empfehlung einer Heilpraktikerin
Ich empfehle Frauen, die vergeblich versuchen, schwanger zu werden, einmal innerlich loszulassen. Sie sollten die ständig um die erhoffte Schwangerschaft kreisenden Gedanken abstellen und sich anderen Dingen widmen. Der Körper muß psychisch auf eine Schwangerschaft vorbereitet sein; nur dann kann eine Frau auch schwanger werden!

Endlich schwanger

Die Freude ist groß, aber es stellen sich Zweifel ein.

- Bin ich der neuen Situation gewachsen?
- Wird das Baby gesund zur Welt kommen?
- Erleide ich eine Fehlgeburt?
- Bin ich vielleicht schon zu alt für eine erste Schwangerschaft?
- Welche Konsequenzen wird das Kind für mich haben?

Diese Gedanken können einer Schwangeren in den ersten Monaten zusetzen. Dazu kommen die bekannten Befindlichkeitsstörungen wie Übelkeit und Erbrechen, Hautausschläge u. v. a. Gegen negative Gedanken und Unsicherheit helfen Bach-Blüten.

Neben der Freude auf das Baby stellen sich im Verlauf der neun Monate auch Zweifel und Ängste ein. Das ganze Leben wird sich ändern!

Bach-Blüten helfen

- Mimulus wirkt gegen die konkrete Angst.
- Walnut stabilisiert bei vorübergehender Unsicherheit.
- White Chestnut vertreibt quälende Gedanken.
- Gentian hilft gegen Pessimismus.

Mischen Sie diese vier Bach-Blütenessenzen, und Sie werden die Zeit der Schwangerschaft angenehmer erleben.

Geburt

Die Schwangerschaft verlief ohne Komplikationen, und der Tag der Entbindung rückt näher. Medizinisch verläuft alles bestens, und psychisch haben Sie sich längst auf diesen schönen neuen Lebensabschnitt eingestellt.

Doch kurz vor der Geburt fühlen Sie sich vielleicht doch etwas beklommen. Geht alles gut? Werde ich die Schmerzen ertragen? Um in dieser aufregenden Phase ausgeglichener zu sein, nehmen Sie Bach-Blüten, bevor Sie ins Krankenhaus gehen. Nehmen Sie die Mischung auch mit!

Bach-Blüten helfen

- Mimulus stabilisiert bei Angst.
- Larch hilft gegen die Erwartung von Fehlschlägen.
- Rescue Remedy nehmen Sie, wenn Sie in Panik geraten.

Die Notfalltropfen können auch dem Partner, der bei der Entbindung anwesend und in diesem Moment vielleicht doch überfordert ist, helfen.

Das Baby ist da!

Sie sind erschöpft, aber überglücklich. Dieses kleine Wesen in Ihrem Arm gehört von nun an zu Ihnen. Sorgen und Selbstzweifel waren unbegründet. Doch plötzlich, nach drei oder vier Tagen, fühlen Sie sich todtraurig und depressiv. Selbst das Lächeln des Babys ist Ihnen gleichgültig. Sie fühlen sich überfordert und ausgelaugt.

Walnußbäume blühen im April und Mai grünlich. Sie finden die bis zu 30 Meter hoch wachsenden Bäume meist einzeln auf Wiesen und in Gärten.

Das ist die Wochenbettdepression, mit der viele Frauen vorübergehend zu kämpfen haben: durch die hormonelle Veränderung.

Bach-Blüten helfen

- Mustard hilft gegen Schwermut und Verzweiflung.
- Olive lindert die Erschöpfung.
- Wild Rose bekämpft die Passivität.
- Gorse gleicht das Gefühl der Hoffnungslosigkeit aus.

Wechseljahrebeschwerden

Die Zyklen der Natur – Frühling und Herbst, Sonnenaufgang und Sonnenuntergang, Ebbe und Flut – sind wichtig und lebensnotwendig. Auch die Menschen sind von diesen immerwährenden Veränderungen betroffen, z. B. im Klimakterium, wie die Wechseljahre medizinisch genannt werden. Sie sind ein notwendiger Reifeprozeß, den die Natur vorgesehen hat.
Manche sehen ihm gelassen und ohne große Gefühle entgegen, andere empfinden diese Lebensphase als starke Belastung. Es hängt von der individuellen Einstellung zu sich selbst und dem Körper ab.

Wechseljahre sind für viele ein Synonym für nächtliche Schweißausbrüche, plötzliche Stimmungsschwankungen und Depressionen.

Die Ursache

Der Grund für Wechseljahrebeschwerden liegt in einer Veränderung des Hormonspiegels, und das kann ganz unterschiedliche Beschwerden auslösen: z.B. die wohlbekannten körperlichen Symptome wie starke Hitzewallungen, eine ausgeprägtere Behaarung, Kopfschmerzen, Migräne, Figurprobleme durch Gewichtszunahme und Wasseransammlungen im Gewebe u. v. a. m.
Dazu kommen psychische Beschwerden, die sich in Unsicherheit, Angst vor Verlust der Attraktivität, Depressionen oder sogar Aggressionen und mangelndem Lebensmut äußern können.

Wechseljahrebeschwerden der Frau

Die Wechseljahre sind für Frauen keine einfache Zeit, sie müssen sich an diese Lebensumstellung erst gewöhnen. Oftmals fühlen sie sich psychisch unausgeglichen und innerlich leer.

Wenn Sie Probleme mit den Wechseljahren haben, können Sie sie auch durch leichte Hormongaben und/oder homöopathische Heilmittel in den Griff bekommen.

Probleme

Gerade die psychischen Beschwerden der Frauen werden durch kulturelle Einflüsse und nicht zuletzt durch die Werbung verstärkt, denn hier wird die Frau idealerweise als jung, dynamisch, faltenfrei und sportlich aktiv dargestellt. Frauen über 40 Jahre spielen in der Werbung keine große Rolle mehr, wenn man einmal von Spots für Kopfschmerztabletten, Mode für Mollige und Rentenversicherungen absieht. Das schmerzt. Kommt noch ein unsensibler Partner hinzu, dann werden die Wechseljahre zum echten Problem.

Chancen

Doch viele Frauen sind in diesem Lebensabschnitt auch besonders aktiv; Selbstbewußtsein und Souveränität kennzeichnen sie. Sie wissen genau, was sie wollen, und tun, was ihnen Spaß macht. Sie geben viel Geld für ihr Äußeres aus und genießen das Leben. Nicht wenige Frauen beginnen jetzt eine neue Karriere, fangen eine Ausbildung an, die sie sich schon lange gewünscht haben.
Untersuchungen zufolge bleiben Frauen, die aktiv im Leben stehen und sich immer wieder Ziele setzen, von den Problemen der Wechseljahre weitgehend verschont. Aktivität, Freude und Erfolgserlebnisse sorgen bei ihnen für eine positive Ausstrahlung und Jugendlichkeit.

Bach-Blüten helfen

- Willow hilft gegen Verbitterung.
- Wild Oat bekämpft Unzufriedenheit.
- Hornbeam beugt Selbstzweifeln und Ermüdung vor.
- Walnut und Larch vertreiben Angst und Unsicherheit.
- Mimulus hilft die Wecheljahre akzeptieren.
- Heather und Honeysuckle stärken Sie, wenn Sie befürchten, Ihre Attraktivität zu verlieren.
- Chicory, Gentian und Red Chestnut beschwichtigen die Angst, den Partner zu verlieren.
- Clematis, Gorse und Mustard wirken gegen Depressionen und Antriebslosigkeit.
- Vine, Cherry Plum und Willow helfen gegen Aggressionen.
- Holly und Beech helfen gegen Neid und Eifersucht.

Umbruchszeiten bergen Chancen

Die Auseinandersetzung mit dem Leben, der Umwelt und den Mitmenschen ist oft ein langwieriger Prozeß, in dessen Verlauf der einzelne sich selbst erkennen und sich seiner Stärken und Schwächen bewußt werden muß. Das Ziel von Umbruchsphasen wie den Wechseljahren kann es sein, an sich selbst zu arbeiten, anstatt die Umwelt und andere korrigieren zu wollen.
Die idealen Folgereaktionen sind eine zunehmende Selbsterkenntnis und Toleranz gegenüber anderen, Eigenverantwortung und die Fähigkeit, andere zu fördern. Bach-Blüten können diese Entwicklung erfolgreich beeinflussen.

Wechseljahrebeschwerden des Mannes

Hinter vorgehaltener Hand wird darüber in vielen Kreisen gesprochen, was hinlänglich bekannt ist: Auch Männer kommen in die Wechseljahre. Denn auch sie sind biologischen Rhythmen unterworfen, auch ihr Hormonhaushalt verändert sich, und so haben Männer ebenfalls mit den entsprechenden körperlichen und psychischen Problemen zu kämpfen.

Auch Männer werden von den Wechseljahren nicht verschont – obwohl viele es nicht wahrhaben wollen.

Daher müssen sich auch Männer in den Wechseljahren neu definieren und einiges ausprobieren, um sich wieder selbst zu finden. Die psychischen Konflikte, die in dieser Zeit ausgelöst werden, führen nicht selten zu weitreichenden Veränderungen wie einer neuen, jüngeren Frau, plötzlichem Davonlaufen oder Aussteigen bis hin zu einem neuen Beruf, dem heiß ersehnten Porsche oder dem Umsteigen auf vegetarische Kost.

Körperliche und psychische Beschwerden

Männer leiden in den Wechseljahren an Blutdruckbeschwerden, Herzproblemen, Haarausfall bis hin zur Glatzenbildung, Gewichtszunahme, allgemeiner Abgeschlagenheit und Leistungsabfall; auch Durchblutungsstörungen bis hin zum Libidoverlust sind möglich. Psychisch leiden Männer wie Frauen an Verstimmungen, Depressionen und sogar Aggressionen.

Die Veränderungen im Hormonhaushalt können Männern das letzte Haar rauben, den Kreislauf durcheinanderwirbeln und die Potenz schmälern.

Doch im Gegensatz zu den Frauen gelingt es den Männern meist besser, die Beschwerden zu kaschieren. Das liegt daran, daß sie in diesem Alter noch voll berufstätig sind und keine Schwächen zeigen dürfen. Zudem ist es für sie leicht, die Probleme auf die berufliche Belastung zu schieben.

Bedrohung durch jüngere Newcomer

Gerade in den Wechseljahren sind viele Männer im Beruf von jungen, dynamischen Aufsteigern bedroht. Oft wird im heutigen Berufsalltag auf die Erfahrung eines älteren Mitarbeiters verzichtet; die Jüngeren sind ehrgeiziger und billiger! Nicht selten liegt die Altersgrenze in Stellenausschreibungen bei 40 Jahren; das macht Männern angst.

Gesundheit – der Schlüssel zum Erfolg

In den USA werden heute schon bei Neueinstellungen männliche Führungskräfte per Vertrag verpflichtet, auf ihre Gesundheit zu achten und regelmäßig medizinische Check-ups durchführen zu lassen. Denn ein kranker Mitarbeiter ist ein schlechter Mitarbeiter und kostet zuviel.

Wer gesund ist, wirkt attraktiver und hat mehr Erfolg im Leben – beruflich wie privat.

Zartlila blüht Water Violet im Mai und Juni. Sie finden die Sumpfwasserfeder in langsam fließenden und stehenden Gewässern.

Bach-Blüten helfen

- Walnut, Aspen und Pine beseitigen Versagensängste.
- Centaury und Olive helfen bei beruflicher Überforderung.
- Wild Rose und Mustard wirken gegen Depressionen.
- Clematis und Gentian vertreiben »Null-Bock«-Einstellung.
- Scleranthus und Rock Water stärken die Entschlußkraft.

Betroffen ist ein Steuerberater

Der Patient Herr W. ist 48 Jahre alt und lebt gutsituiert als Steuerberater. Plötzlich hatte er das Gefühl, etwas versäumt zu haben. Mit Einverständnis seiner Ehefrau fuhr er allein in Urlaub. Er wählte einen Cluburlaub mit reichhaltigem sportlichen Angebot für sich aus. Es gefiel ihm so gut, daß er um eine Woche verlängerte. So etwas hatte er in seinem Leben noch nie getan! Zu Hause zurück, zeigt er sich dynamischer als zuvor; er ist voller Lebensfreude. Er hat abgenommen, trägt einen modischen Haarschnitt und hat sich neu eingekleidet. Morgens geht er vor der Arbeit zum Joggen und besucht ein Fitneßstudio. Einmal im Monat verschwindet er über das Wochenende, um sich mit »guten Freunden« aus dem Cluburlaub zu treffen. Diese Kurztrips tun ihm offensichtlich gut. Auch seine Arbeitszeiten in der Kanzlei hat er geändert. »Mehr Leben« ist nun seine Devise – aber leider nicht mit der Familie.

Wenn Männer plötzlich sportlich werden, von Selbstfindung sprechen und Meditationskurse besuchen, könnten Hormonveränderungen in den Wechseljahren dahinterstecken.

Reaktionen der Familie

Die Ehefrau ist weise und läßt ihn gewähren. In dieser für sie schwierigen Zeit nimmt sie eine Bach-Blütenmischung aus Chicory und Red Chestnut. Dies hilft ihr, sich nicht einzumischen, sich nicht zu sehr zu ängstigen und ihr Leben nicht allzusehr einzuengen.

Bach-Blüten helfen

Dem Betroffenen halfen Walnut, Rock Water und Wild Oat in dieser schwierigen Umbruchsphase, als es galt, auf tatsächliche Bedürfnisse zu achten und die richtigen Entscheidungen zu treffen.
Die Umbruchsphase dauerte für diesen Patienten fast drei Jahre. Heute hat er wieder zu sich selbst gefunden, ist ausgeglichen; seine Arbeit macht ihm Spaß, und er nimmt sich wieder mehr Zeit für sich und seine Familie.

BACH-BLÜTEN FÜR KINDER

Keine Kindheit verläuft ohne Kinderkrankheiten, und viele Beschwerden der Kleinen haben eine psychische Ursache. Unterschiedliche, oft unbestimmte Ängste belasten die Kinder; sie fühlen sich unsicher, nicht verstanden und können ihre Probleme noch nicht ausdrücken. Dann stellen sich schnell Bauchschmerzen ein. Wer seine Kinder vor den Nebenwirkungen chemischer Medikamente bewahren will, gibt jetzt Bach-Blüten.

Von Angst bis Zahndurchbruch

Wenn Schulkinder Angst vor Schule und Mitschülern haben, Prüfungsangst sie nicht mehr schlafen läßt und Konzentrationsschwierigkeiten die Noten drücken, dann sind Bach-Blüten gefragt.

Die Kindheit ist nicht immer die schönste Zeit des Lebens. Schon die Kleinsten kennen Ängste, fürchten sich und brauchen Hilfe.

Angst vor Schulkameraden

Streit und Raufereien am Schulweg oder im Pausenhof gehören zum Erwachsenwerden. Aber leider nehmen die Aggressivät und Gewaltbereitschaft unter Kindern zu. Diese Tatsache läßt sich heutzutage schon bei Erstkläßlern beobachten. Die Kinder gehen nicht zimperlich miteinander um.
Ich hatte schon einige Fälle in der Praxis, in denen Jugendliche sich fast täglich irgendeine List ausdachten, um nicht in die Schule gehen zu müssen.

Das Selbstbewußtsein entwickeln

Dahinter versteckt sich meistens die Angst vor einem oder mehreren Schülern, die oft die ganze Klasse terrorisieren. Und natürlich werden mit Vorliebe diejenigen herausgesucht, die schwächer und hilfloser sind und ein geringeres Selbstbewußtsein besitzen. Der Terror entwickelt sich von Hänseleien über Schlägereien bis hin zu Erpressung. Eltern wie Lehrer sind in den meisten Fällen machtlos. Daher ist es wichtig, das Selbstwertgefühl der Kinder aufzubauen und hinter ihnen zu stehen. Die Bach-Blütentherapie kann sehr wertvolle Dienste leisten, um das angeschlagene Selbstbewußtsein eines Kindes wieder aufzubauen.

Bach-Blüten helfen

- Centaury lenkt zu den eigenen Bedürfnissen zurück.
- Cerato stärkt das Selbstbewußtsein.
- Rock Rose hilft gegen akute Angst.

Eine Mischung aus diesen drei Bach-Blütenessenzen wird Ihrem Kind helfen, sich in Zukunft zu behaupten.

Prüfungsangst

Gerade bei Schulstreß können Bach-Blüten auf sanfte Weise helfen, Leistungs- und Versagensängste zu überwinden.

Angst vor einer Prüfung oder Arbeit ist sehr verbreitet, und viele Schulaufgaben wurden durch diese Blockade schon in ihrem Ergebnis geschmälert. Schnelle, wirksame und nebenwirkungsfreie Hilfe mit einer speziellen Bach-Blütenmischung wird von vielen begeisterten Müttern bestätigt: Geben Sie den Kindern Rescue Remedy – am besten abends vor dem Schlafengehen und noch einmal unmittelbar vor der Prüfung.

Introvertiertheit

Kinder, die auffallend still und in sich gekehrt sind, nicht gern mit anderen spielen und sich lieber zurückziehen, können mit Water Violet und Wild Rose unterstützt werden, um aus ihrer Passivität herauszufinden. Das Selbstbewußtsein kann zusätzlich mit Cerato gestärkt werden.

Konzentrationsschwierigkeiten

Probleme, sich auf eine bestimmte Aufgabe zu konzentrieren, haben viele Kinder in ganz verschiedenen Altersgruppen. Oftmals spiegeln sich hier der Streß der Eltern und die Reizüberflutung der Umwelt wider. Konzentrationsschwierigkeiten machen sich meistens in der Schule bemerkbar. Die Kinder haben Probleme, dem Unterricht zu folgen, vergessen Dinge, die kurz zuvor besprochen wurden, oder schweifen ständig gedanklich ab. Dies ist ein Problem, das sehr häufig von den Lehrkräften beklagt wird.
Um diese Kinder zu unterstützen, kann eine Bach-Blütenmischung sehr erfolgreich sein.

Bach-Blüten helfen

- Clematis führt von Tagträumen zur Realität zurück.
- White Chestnut schützt vor negativen Gedanken.
- Scleranthus fördert die innere Balance.

Die Natur heilt

Vertrauen Sie der Natur!

Sie werden durch die Anwendung der Bach-Blüten an sich selbst und an Ihren Kindern oder Tieren erfahren, daß in der Naturheilkunde vieles möglich ist, auch wenn nicht immer alle biochemischen und elektromagnetischen Vorgänge in unserem Körper sofort und leicht erklärbar sind. Vertrauen Sie den Bach-Blüten von Dr. Bach!

Deshalb sollte die Naturmedizin nicht leichtfertig in Frage gestellt werden – Erfahrungen und Therapien, die sich schon lange bewährt haben, besitzen ihre Gültigkeit.

Warum besinnen wir uns nicht auf die Kräfte der Natur? Unsere Erfolge, unser Fortschritt und unsere Technologien, die durchaus segensreich sind, haben uns arrogant werden lassen. Wir fühlen uns vorschnell über andere Kulturen erhaben, die naturverbundener denken und leben.

Blütenessenzen heilen natürlich

Dr. Edward Bach wandte sich als erfahrener Mediziner von der anerkannten Schulmedizin ab und suchte bessere Arzneien und Heilmethoden in der Natur.

Mit seinen 38 Blütenessenzen schuf er eine überschaubare Anzahl natürlicher Heilmittel, die jeder ohne medizinische Ausbildung leicht anwenden kann.

Ich wünsche Ihnen, daß Sie mit Hilfe der Bach-Blütentherapie Ihre persönlichen Probleme bewältigen lernen und dadurch auch positiv auf andere Menschen einwirken.

Schauen Sie mit Bach-Blüten zufrieden, ausgeglichen und gesund in die Zukunft!

Die 38 Bach-Blütenessenzen sind natürliche Heilmittel, die jeder ohne medizinische Ausbildung leicht anwenden kann. Unerwünschte Nebenwirkungen verursachen sie nicht.

Nervosität und Überreizung

Manche Kinder gelten als sehr aufgeweckt, sie sind hektisch und überdreht. Sie neigen häufig zu Raufereien und wirken oft aggressiv. Durch ihre übersteigerte Energie können sie schlecht einschlafen und stehen am nächsten Tag übermüdet auf.

Bach-Blüten helfen

- Impatiens hilft gegen Hektik und Ungeduld.
- Holly bekämpft Aggressivität und negative Gedanken.
- Hornbeam wirkt gegen Selbstzweifel.

Schlafstörungen

Wenn Kinder stundenlang Schäfchen zählen, nachts aufwachen oder morgens viel zu früh erwachen, raubt das ihnen Kräfte. Nervosität und mangelnde Konzentration können folgen.

Schlafprobleme treten sehr häufig bei Kleinkindern auf. Oftmals ist das Einschlafritual ein aufreibender Prozeß, bei dem alle Tricks aus dem Erfahrungsschatz der Eltern angewendet werden müssen.

- Kinder haben manchmal Angst vor dem Einschlafen, weil sie Ereignisse des Tagesgeschehens nicht loslassen können.
- Oder sie haben eine Nacht zuvor schlecht geträumt und befürchten nun eine Wiederholung dieses Traums.
- Es gibt auch Fälle von immer wiederkehrenden Träumen wie konkrete Angst, z.B. vor dem Mann mit der großen Brille, dem großen schwarzen Hund oder einem bestimmten Schauspieler einer Fernsehserie.
- Auch beschäftigen Kinder Dinge wie Krieg, Krankheit oder Tod, selbst wenn sie nicht direkt damit konfrontiert sind. Sie träumen schlecht, weil sie die Schreckensmeldungen der Nachrichten lange gedanklich beschäftigen.

Bach-Blüten helfen

- Aspen lindert vage Ängste.
- Mimulus hilft bei bestimmten Ängsten.
- White Chestnut bekämpft quälende Gedanken.
- Star of Bethlehem hilft bei der Verarbeitung belastender Gedanken und wirkt den schlechten Träumen entgegen.

Wenn Kinder Probleme haben

Kinderprobleme	Mögliche Ursachen	Helfende Bach-Blüten
Angst vor Schulkameraden	Unsicherheit, mangelndes Selbstvertrauen	Centaury, Cerato, Rock Rose
Prüfungsangst	Nervosität, mangelndes Zutrauen in die eigenen Fähigkeiten	Rescue Remedy
Introvertiertheit	Schüchternheit, mangelndes Selbstbewußtsein, Passivität	Water Violet, Wild Rose, Cerato
Konzentrationsschwierigkeiten	Reizüberflutung, Streß	Clematis, White Chestnut, Scleranthus
Nervosität, Überreizung	Übersteigerte Energie, fehlende Ruhe	Impatiens, Holly, Hornbeam
Schlafstörungen	Angst, kreisende Gedanken, Erfahrungen mit Alpträumen	Aspen, Mimulus, White Chestnut, Star of Bethlehem
Wachstumsprobleme	Gliederschmerzen, Überforderung	Oak, Mustard, Impatiens, Rescue Remedy
Zahndurchbruch	Schmerzen	Aspen, Oak, Rescue Remedy

Die Anforderungen an Kinder wachsen ständig – und mit ihnen auch die Probleme: Überforderung, Streß und in der Folge Schlafstörungen, Wachstumsprobleme, Ängste.

Wachstumsprobleme

Wenn Kinder wachsen, dann sind sie meistens unleidlich und gereizt, da ein Wachstumsschub oft mit Gliederschmerzen und Temperaturanstieg verbunden ist.

Bach-Blüten helfen

- Oak hilft diese schwierige Phase bewältigen.
- Mustard verhilft zu einer besseren Laune.
- Impatiens lindert die Ungeduld.
- Bei Schmerzen, so erzählen leidgeprüfte Mütter, hat es sich bewährt, die schmerzenden Körperregionen mit Rescue-Remedy-Salbe einzureiben. Benutzen Sie die Salbe zusätzlich neben der innerlichen Anwendung der Bach-Blüten.

***White Chestnut* wird aus den Blüten der Weißen Kastanie gewonnen. Sie blüht Ende Mai bis Anfang Juni.**

Zahndurchbruch

Wer kennt diese schlaflosen Nächte nicht? Wenn Babys zahnen, ist die ganze Familie betroffen. Selten ist das ein schmerzloser Vorgang für den Säugling. In diesem Fall können Sie mit Bach-Blüten unterstützend eingreifen; geben Sie die hier empfohlene Mischung, und reiben Sie zusätzlich die empfindliche Schleimhaut des Kiefers an der betroffenen Stelle ein.

Bach-Blüten helfen

- Aspen wirkt gegen vage Ängste, denn der Säugling kann sich den schmerzhaften Vorgang noch nicht bewußt machen.
- Oak unterstützt im Kampf gegen Schwierigkeiten.
- Rescue Remedy – Zahnen ist ein wirklicher Notfall!

Wild Oat ist ein Hafergras, das im Mai und Juni hellgrün blüht. Sie finden die über einen Meter hoch wachsende Pflanze auf feuchten Böden.

BACH-BLÜTEN FÜR TIERE UND PFLANZEN

Der Erfolg von Bach-Blüten bei Tieren ist ein unschlagbarer Beweis für die Wirksamkeit dieser Naturheilmethode. Wenn Kritiker gern behaupten, die Wirkung der Bach-Blütenessenzen beruhe lediglich auf Einbildung und Glaube (Placeboreaktion), dann sind sie mit dem erfolgreichen Einsatz dieser Behandlung bei Tieren gründlich widerlegt.
Und, es ist kaum zu glauben, auch bei Pflanzen entfalten sie ihre wohltuende Wirkung.

Allergien und Ekzeme

Frieda ist ein Sensibelchen, wie man es als Außenstehender von einer Dobermannhündin nicht erwartet. So sensibel, wie ihre Psyche reagiert, so empfindlich reagiert auch ihre Haut. Sehr oft bekommt sie Ekzeme oder reagiert allergisch.
Sie kratzt sich ständig, mit allen vier Pfoten abwechselnd, um den starken Juckreiz unter Kontrolle zu bringen. Der Tierarzt gibt ihr in diesen Fällen neben herkömmlichen Medikamenten eine Bach-Blütenmischung.

Auch Tiere haben eine Seele, und sie reagieren oft sehr empfindlich. Beobachten Sie Ihr Tier aufmerksam, dann können Sie ihm mit Bach-Blüten helfen.

Bach-Blüten helfen

- Crab Apple hilft gegen das Gefühl der Unreinheit und gegen das Jucken.
- Walnut wirkt gegen Beinflussung von außen.

Gequält und vernachlässigt

Die Zucht der Graupapageien ist sehr schwierig; deshalb wurden die meisten der Tiere, die bei uns angeboten werden, als Jungvögel gefangen. Sie haben ein unbeschreibliches Martyrium hinter sich. Außerdem sind sie sehr gesellige Tiere und benötigen ständige Beschäftigung, um nicht psychisch zu verkümmern.

Julius, ein hochintelligenter, jähzorniger und extrem sturer Graupapagei, wurde von seinen Besitzern nie liebevoll gezähmt und mit den Menschen vertraut gemacht, sondern er wurde vernachlässigt, da er ihnen zu schwierig war. Er fristete ein trostloses Käfigdasein und gab auf. Nach jahrelanger, geduldiger Zuwendung gelang es seinem neuen Besitzer, diesen kleinen zähen Kämpfer ganz langsam aus der Reserve zu holen und ihn an sich zu gewöhnen.

Nachtragend und mißtrauisch

Da Graupapageien ein sehr gutes Gedächtnis besitzen, sind sie auch sehr nachtragend und vergessen eine schlechte Behandlung jahrelang nicht.

Julius blieb sehr mißtrauisch, ist aber auf der anderen Seite sehr liebebedürftig, übersensibel, jähzornig, ein unausgeglichener, eifersüchtiger Pascha, der sich wie ein kleines Kind ungeliebt fühlt. Um seine innere Balance zu unterstützen und sein Selbstvertrauen zu stärken, wurde ihm eine Bach-Blütenmischung gegeben.

Bach-Blüten helfen

- Cerato stärkt das Selbstvertrauen.
- Clematis bekämpft quälende Gedanken.
- Holly hilft gegen negative Gedanken.

Schmerzhafte Erfahrungen

Sultan, ein Araberwallach, hat in seiner Jugend wahrscheinlich eine angstvolle oder schmerzhafte Erfahrung beim Beschlagen der Hufe gemacht. Alle acht Wochen regelmäßig die gleiche Situation beim Hufschmied: Vier bis fünf starke Männer waren nötig, um das Pferd

Die weißen und rosa Blüten der Heckenrose leuchten zwischen Juni und August aus vielen Hecken. Aus ihnen gewann Dr. Bach Wild Rose.

festzuhalten und zu beruhigen. Alle Tricks des erfahrenen Schmieds halfen nichts. Mit Mühe und unter erheblichem Zeitaufwand und nicht geringer Verletzungsgefahr für alle Beteiligten gelang es schließlich, seine Hufe neu zu beschlagen.
Der Tierarzt empfahl, einmal die Bach-Blütentherapie anzuwenden. Nach anfänglich großer Skepsis wurden mit Mimulus und Star of Bethlehem sehr gute Erfolge erzielt. Das Pferd ist nun ruhiger und ausgeglichener während des Beschlagens.

Nervös und hektisch

Betroffen ist ein feuriges Pferd

Ein Bild von einem Pferd, groß, muskulös und sehr feurig ist Lord Lester. Wie die meisten Vollblüter reagiert er in besonderen Situationen manchmal sehr nervös und hektisch. In Belastungssituationen bei den alljährlich wiederkehrenden großen Ereignissen, wie vor allem den herbstlichen Treibjagden, erwacht sein Jagdfieber. Er

Die gelb bis orange blühenden Weiden stehen auf feuchten Böden; häufig säumen sie das Ufer von Flüssen. Sie blühen von März bis Mai.

reagiert dann übernervös. Er schnaubt erregt, scharrt mit den Hufen und tänzelt bereits nervös in der Stallgasse. Um diese Erregung etwas zu neutralisieren, gibt man ihm – am besten schon einige Tage vor der Belastungssituation – Bach-Blüten.

Bach-Blüten helfen

- Walnut wirkt gegen Beeinflussung von außen.
- Impatiens hilft gegen Ungeduld.

Betroffen ist auch ein Berner Sennenhund

Auch Tiere haben Gefühle – sie leiden unter Einsamkeit, verlangen Aufmerksamkeit und reagieren eifersüchtig, wenn sie sich zurückgesetzt fühlen.

Ron sollte zum wiederholten Male an der Gebrauchshundeprüfung teilnehmen. Er war gut trainiert und beherrschte auch alle Aufgaben. Doch wenn er mit mehreren Hunden zusammen war, geriet er außer Rand und Band. Er fiel aus diesem Grund auch bei dem ersten Prüfungstermin durch. Um ihm seine Nervosität zu nehmen, beschloß seine Besitzerin, ihm vor der nächsten Prüfung Bach-Blüten zu geben.
Sie mischte Impatiens und Hornbeam. Ron bestand diese Prüfung, und seit diesem Ereignis, das sich schnell herumgesprochen hatte, greifen auch andere Hundebesitzer zu den Blütenessenzen.

Eifersüchtig

Miou ist eine sehr hübsche Colliehündin mit schöner brauner Zeichnung und der ganze Stolz ihres Besitzers. Sie wird verwöhnt, und es mangelt ihr nicht an Streicheleinheiten und Aufmerksamkeit. Doch wenn ein anderer Hund zu Besuch kommt, dann ist es vorbei mit ihrer Toleranz. Sie schmollt, sie zankt und läßt ihr Herrchen nicht mehr allein. Ständig läuft sie hinter ihm her, um seine Aufmerksamkeit zu erregen.
Gegen Eifersucht helfen am besten Chicory und Holly, wenn diese Mischung bereits einige Stunden vor der zu erwartenden Problemsituation gegeben wird. Bei Miou hat sie ihre Wirkung jedenfalls nicht verfehlt. Die Hündin geht jetzt viel gelassener mit ihren scheinbaren Konkurrenten um, was ihrem Herrchen das Leben erheblich erleichtert.

Pflanzen mit Bach-Blüten behandeln

Es liegen auch zahlreiche Erfahrungsberichte über die Behandlung von Pflanzen mit Bach-Blüten vor. Hier nur eine kleine Auswahl.

Auch Pflanzen reagieren auf die Behandlung mit Bach-Blüten. Einige Tropfen der Essenz ins Gießwasser gegeben, können wahre Wunder bewirken.

Welke Blätter neu belebt

Bei Zimmerpflanzen, die schon bald nach dem Kauf welke Blätter bekommen, hilft oft eine Mischung aus Hornbeam, Olive, Walnut und Wild Rose. Schon nach wenigen Stunden richten sich die erschlafften Stengel auf, und die Blätter werden wieder fest und grün.

Mit Pflanzen umziehen

Bei einem Wohnungswechsel werden die Zimmerpflanzen oft erheblich in Mitleidenschaft gezogen. Viele überleben den Transport und die Anpassung an die neue Umgebung nur mit Mühe. Es wird empfohlen, die Pflanzen bereits einige Tage vor dem Umzug mit Walnutessenz zu behandeln, um die bevorstehende Streßsituation bei der Eingewöhnung in die neue Umwelt zu erleichtern.
Am neuen Standort sollten dem Gießwasser in den ersten zwei bis drei Wochen einige Tropfen Rescue Remedy, Hornbeam und Wild Rose zugefügt werden.

Bach-Blüten gegen Schädlinge

Wenn Zierpflanzen aus unerklärlichen Gründen einzugehen drohen, sind oft Schädlinge im Boden dafür verantwortlich.
In diesem Fall kann es hilfreich sein, die Pflanze mit einer Mischung von Rescue Remedy (gegen störende Umwelteinflüsse), Crab Apple (gegen Ungeziefer) und Wild Rose (gegen welkende Blätter und Blüten) zu behandeln. Meist ergreifen die Schädlinge dann die Flucht, und die Pflanze kann sich erholen.

Dosierung bei Tieren und Pflanzen

Da genaue Dosierungsanweisungen für diese Fälle nicht gegeben werden, sollte man sich auf Gefühl und Erfahrung verlassen. Als Richtwerte gelten: Etwa drei bis vier Tropfen aus der Stock-Bottle in das Trinkgefäß von Tieren bzw. ein bis zwei Tropfen je Liter Gießwasser für Pflanzen.

ANHANG

Blumen, Pflanzen und Bäume geben mit ihren Blüten den Grundstoff der Bach-Blütenessenzen. In ihnen wirken die Kräfte der Natur.

Das Bach-Blütensystem im Überblick

Nr.	Englisch	Deutsch	Lateinisch
1	Agrimony	Odermennig	Agrimonia eupatoria
2	Aspen	Zitterpappel, Espe	Populus tremula
3	Beech	Rotbuche	Fagus sylvatica
4	Centaury	Tausendgüldenkraut	Centaurium umbellatum
5	Cerato	Bleiwurz	Ceratostigma willmottiana
6	Cherry Plum	Kirschpflaume	Prunus cerasifera
7	Chestnut Bud	Kastanienknospe	Aesculus hippocastanum
8	Chicory	Wegwarte	Chicorium intybus
9	Clematis	Weiße Waldrebe	Clematis vitalba
10	Crab Apple	Holzapfel	Malus pumila
11	Elm	Ulme	Ulmus procera
12	Gentian	Herbstenzian	Gentiana amarella
13	Gorse	Stechginster	Ulex europoeus
14	Heather	Heidekraut	Calluna vulgaris
15	Holly	Stechpalme	Ilex aquifolium
16	Honeysuckle	Geißblatt, Jelängerjelieber	Lonicera caprifolium
17	Hornbeam	Hainbuche	Carpinus betulus
18	Impatiens	Drüsentragendes Springkraut	Impatiens glandulifera

Nr.	Englisch	Deutsch	Lateinisch
19	Larch	Lärche	Larix decidua
20	Mimulus	Gefleckte Gauklerblume	Mimulus guttatus
21	Mustard	Wilder Senf	Sinapis arvensis
22	Oak	Eiche	Quercus robur
23	Olive	Olive	Olea europoea
24	Pine	Schottische Kiefer	Pinus sylvestris
25	Red Chestnut	Rote Kastanie	Aesculus carnea
26	Rock Rose	Sonnenröschen	Helianthemum nummularium
27	Rock Water	Quellwasser	
28	Scleranthus	Einjähriger Knäuel	Scleranthus annuus
29	Star of Bethlehem	Doldiger Milchstern	Ornithogalum umbellatum
30	Sweet Chestnut	Edelkastanie	Castanea sativa
31	Vervain	Eisenkraut	Verbena officinalis
32	Vine	Weinrebe	Vitis vinifera
33	Walnut	Walnuß	Juglans regia
34	Water Violet	Sumpfwasserfeder	Hottonia palustris
35	White Chestnut	Weiße Kastanie, Roßkastanie	Aesculus hippocastanum
36	Wild Oat	Waldtrespe	Bromus ramosus
37	Wild Rose	Heckenrose	Rosa canina
38	Willow	Weide	Salix vitellina

Rock Water ist das einzige Heilmittel von Dr. Bach, das nicht aus Blüten gewonnen wird; es besteht aus reinem Quellwasser.

LITERATUR

Bach, E.: Blumen, die durch die Seele heilen. Die wahre Ursache von Krankheit, Diagnose und Therapie. Hugendubel Verlag. München 1987

Blome, G.: Mit Blumen heilen. Die Blütentherapie nach Dr. Bach. Bauer Verlag. Freiburg 1986

Detlefsen, Th., Dahlke, R.: Krankheit als Weg. Bertelsmann Verlag. München 1983

Hay, L. L.: Gesundheit für Körper und Seele. Wie Sie durch mentales Training Ihre Gesundheit erhalten und Krankheiten heilen. Heyne Verlag. München 1989

Heinke, D.: Schlank und fit durch Ayurveda. Südwest Verlag. München 1995

Hohenester, W., Helfferich, M.: Ganzheitlich heilen durch Homöopathie. Südwest Verlag. München 1995

Köhnlechner, M.: Handbuch der Naturheilkunde. Heyne Verlag. München 1989

Kraaz, S. I., von Rohr, W.: Das große Praxisbuch für Bach-Blüten, Goldmann Verlag. München 1989

Messeque, M.: Das Gesetz der Natur. Heyne Verlag. München 1989

Rauch, E.: Die Darmreinigung. Haug Verlag. Heidelberg 1985

Scheffer, M.: Die Bach-Blütentherapie. Hugendubel Verlag. München 1986

Scheffer, M.: Erfahrungen mit der Bach-Blütentherapie. Hugendubel Verlag. München 1994

Scheffer, M., Storl, W.-D.: Neue Einsichten in die Bach-Blütentherapie. Heyne Verlag. München 1995

Tietze, H. G.: Entschlüsselte Organsprache. Knaur Verlag. München 1987

Zimmermann, W., Csallner, H.: Homöopathie. Schriftenreihe der Landesapothekerkammer, Heft 30. München 1984

Bildnachweis

Bavaria, München: 23 (Oscar Poss); Botanik-Bildarchiv Laux, Biberach an der Riß: 10, 11, 19, 22, 31, 42, 50, 62, 70, 75, 78, 82, 95, 99, 103, 111, 126, 127, 130, 142, 146, 154, 166, 170, 182, 183; Bilder Pur, München: 71 (R. Förster/Okapia), 158 (Oswald Eckstein/Okapia); J. de Cuveland, Norderstedt: 47, 87, 94, 147, 178; Karin de Cuveland, Bornheim: 119; Fotex, Hamburg: 66 (Orion Press); IFA-Bilderteam, Taufkirchen: 134 (Lahall); Interfoto, München: 14; Okapia, Frankfurt: 8 (Hans Reinhard), 179 (Andreas Kurz); Premium Stock, Düsseldorf: 40, 60 (Orion Press); Elke Stolt, Ahrensburg: 2 (M. Stolt); Superbild, Grünwald: 136 (B.S.I.P.), 152 (B.S.I.P.); Tony Stone, München: 26 (Charles A. Mauzy), 118 (Terry Vine), 122 (Jonathan Nourok), 172 (Lori A. Peek), 180 (Desmond Burdon)

© 1995 Südwest Verlag GmbH & Co. KG, München
4. Auflage 1997
Alle Rechte vorbehalten.
Nachdruck – auch auszugsweise – nur mit Genehmigung des Verlages.

Redaktion: Dr. Elisabeth Veit
Redaktionsleitung und medizinische Fachberatung: Dr. med. Christiane Lentz
Projektleitung: Ernst Dahlke
Bildredaktion: Barbara Glöggler
Produktion: Manfred Metzger
Umschlag und Layout: Heinz Kraxenberger, München
DTP/Satz: AVAK Publikationsdesign, München
Druck und Bindung: Legoprint, Trento
Printed in Italy

Gedruckt auf chlor- und säurearmem Papier

ISBN 3-517-01591-1

Hinweis

Alle Angaben in diesem Buch beruhen auf dem aktuellen Stand von Wissenschaft und Forschung. Der Leser darf darauf vertrauen, daß alle Hinweise auf Therapien bzw. Dosierungen ebenfalls diesem Stand entsprechen; dies gilt insbesondere auch für alle Anregungen zur Selbstbehandlung. Grundsätzlich sollten jedoch alle Befindlichkeitsstörungen mit einem Arzt besprochen werden, ehe eine Selbstbehandlung vorgenommen wird.
Für den Erfolg bzw. die Richtigkeit der Anwendungen können Autoren, Redaktion und Verlag deshalb keine Gewähr übernehmen.

Dank der Autorin

Vielen Dank meinen Patienten, ohne deren Vertrauen und Hilfe es nicht möglich gewesen wäre, dieses Buch zu schreiben.
Dank auch an Frau Dorit Schatz und an Frau Beatrice Burger sowie meinen Ehemann Richard und Frau Betty Huscher.

Gesundheitsratgeber von Südwest: für die Balance von Körper, Geist und Seele.

ISBN 3-517-01767-1

ISBN 3-517-01744-2

ISBN 3-517-01836-8

ISBN 3-517-01671-3

ISBN 3-517-01657-8

ISBN 3-517-01649-7

Jeder Band 96 Seiten, durchgehend vierfarbig, mit zahlreichen Abbildungen und Grafiken, Broschur

SÜDWEST
Bücher für die ganze Familie

REGISTER